Les secrets des centenaires

120 recettes pour vivre longtemps en très bonne santé

Rachel Fontaine

Les secrets des centenaires

120 recettes pour vivre longtemps en très bonne santé

Les secrets des centenaires
Fontaine, Rachel

Révision et collaboration à la recherche : Denis Poulet
Conception graphique et mise en pages : Luc Sauvé
Couverture : natalicommunication design
Photographies de la page couverture : Banque Cardinal
Photographies des plats cuisinés :
Tango, assisté de Véronique Gagnon-Lalanne, styliste culinaire.
Sauf les pages 87 (en haut), 246, qui sont de Claude Charlebois et les pages 196, 250 qui sont de la banque Cardinal.
Photographies des aliments :
Julie Léger, pages 7 (en bas), 25, 31-49, 51, 55-63, 65 (en haut et à gauche), 67-72, 101 (en haut et en bas), 103 (en bas), 104, 106 (en bas), 107, 109 (en haut), 113, 115 (à gauche et en bas), 119, 121, 123-124, 130, 132, 135-136, 139, 143-145, 150, 152, 154, 156-158, 160-162, 164, 166-167, 170-171, 177-178, 180, 184-186, 188-189, 192-194, 197, 200, 204, 208-210, 212, 216-218, 220-223, 230, 232, 238, 247, 258, 260-262, 264-266, 268-270, 272, 274, 278, 280-282, 284, 286-288, 290-292, 295-296.
Claude Charlebois, pages 65 (en bas), 73, 77, 80 (en bas), 84, 90 (en haut), 109 (à gauche), 111, 127, 134, 148, 153,174, 276.
Tango, pages 15 (à gauche), 93, 95 (en bas), 97, 101 (à gauche), 105, 109 (en bas), 125 (en haut), 140-142, 147, 206, 235, 242, 254.
Banque des Éditions Cardinal, pages 64, 79, 80 (en haut), 81-83, 85-86, 89, 90 (en bas), 91, 95 (en haut), 96, 98-99, 102, 103 (en haut), 106 (en haut), 108, 115 (en haut), 117, 138, 146, 168, 175, 181-182, 190, 198, 201, 213-214, 226, 228, 231, 236, 240-241, 294.

Nous reconnaissons avoir reçu l'aide financière du gouvernement du Canada par l'entremise du Fonds du livre du Canada (FLC), ainsi que l'aide du gouvernement du Québec – Programme de crédits d'impôts pour l'édition de livres et Programme d'aide à l'édition et à la promotion – Gestion SODEC.

ISBN 13 : 978-2-920943-64-3

Dépôt légal – Bibliothèque et Archives Canada, 2011
Bibliothèque et Archives du Québec, 2011

Distributeurs exclusifs

Pour le Canada et les États-Unis :
MESSAGERIES ADP
2315, rue de la Province
Longueuil, Québec J4G 1G4
Téléphone : 450 640 1237
Télécopieur : 450 674 6237
Internet www.messageries-adp.com

Pour la France et les autres pays :
INTERFORUM editis
Immeuble Paryseine, 3, Allée de la Seine
94854 Ivry CEDEX
Téléphone : 33 (0) 1 49 11 56/91
Télécopieur : 33 (0) 1 49 59 11 33
Service commandes France Métropolitaine
téléphone : 33 (0) 2 38 32 71 00
télécopieur : 33 (0) 2 38 32 71 28
Internet : www.interforum.fr
Service commande Export – DOM-TOM
télécopieur : 33 (0) 2 38 32 78 86
Internet : www.interforum.fr
Courriel : cdes-export@interforum.fr

Pour la Suisse :
INTERFORUM editis SUISSE
case postale 69 – CH 1701 Fribourg – Suisse
Téléphone : 41 (0) 26 460 80 60
Télécopieur : 41 (0) 26 460 80 68
Internet : www.interforumsuisse.ch
Courriel : office@interforumsuisse.ch
Distributeur : OLF S.A.
ZI. 3, Corminboeuf
Case postale 1061 – CH 1701 Fribourg – Suisse
Commandes :
Téléphone : 41 (0) 26 467 53 33
Télécopieur : 41 (0) 26 467 54 66
Internet : www.olf.ch
Courriel : information@olf.ch

Pour la Belgique et le Luxembourg :
INTERFORUM BENELUX S.A.
Fond Jean-Pâques, 6
B-1348 Louvain-La-Neuve
Téléphone : 32 (0) 10 42 03 20
Télécopieur : 32 (0) 10 41 20 24
Internet : www.interforum.be
Courriel : info@interforum.be

Imprimé au Canada

Les plaisirs de la table jusqu'à 100 ans

Nous, les baby-boomers

Si vous faites partie des baby-boomers, il serait bien étonnant que vous l'ignoriez encore. On n'a cessé de parler d'eux depuis qu'ils ont fait leur entrée dans la vie adulte et, à présent qu'ils ont l'âge de la retraite, il ne se passe pas un jour sans que les générations qui leur ont succédé leur reprochent tout ce qui ne tourne pas rond sur la planète.

Le terme « baby-boom » est apparu aux États-Unis au cours des années cinquante, au moment où dans les pays riches une toute nouvelle économie prenait forme, qui allait donner naissance à la société de consommation. Ces années-là ont vu se développer une classe moyenne plus aisée qui, pouvant profiter de la nouvelle richesse collective, s'est mise à faire des enfants, ce sont les enfants nés en 1946 et après qui ont été rassemblés sous l'étiquette. Dans l'ensemble de l'Amérique du Nord, elle inclut les individus nés entre 1946 et 1964, mais la notion de baby-boomers est élastique puisque, dans la plupart des pays d'Europe, la période au cours de laquelle ils sont nés varie considérablement : c'est généralement entre 1943 et le milieu des années cinquante, mais en France le compte va jusqu'en 1964, comme au Canada, tan-

dis qu'en Espagne les rejetons du baby-boom sont nés entre 1957 et... 1977. Quoi qu'il en soit, les baby-boomers composent une grande partie de la population et se déclinent sur plus d'une génération.

On leur a fait une fâcheuse réputation. Ils auraient été des enfants gâtés et privilégiés qui, en s'affranchissant de toutes sortes de contraintes, seraient devenus de parfaits égocentriques ayant conquis tous les pouvoirs. Il est vrai que les baby-boomers ont fait moins d'enfants que leurs parents, de sorte que les générations qui les suivent se sentent beaucoup moins de poids et d'influence qu'ils en auraient eu et, semble-t-il, en auraient toujours. Ils seraient aussi plus riches que ceux qui les ont précédés, et, phénomène nouveau, ceux qui vont leur succéder ne parviendront jamais, semble-t-il, à s'enrichir autant. Par ailleurs, que le système se le tienne pour dit, ils seront des « bénéficiaires » malcommodes et redoutables quand ils auront besoin de soins de santé à un âge plus avancé, car ils refusent de vieillir et se croient éternels.

Si vous ne vous reconnaissez pas plus que moi dans ce portrait, c'est qu'il ne correspond pas tout à fait à la réalité. Les baby-boomers sont loin de composer une masse uniforme. Les sociologues ont identifié 16 sous-groupes de baby-boomers dans lesquels on retrouve, bien entendu, quelques privilégiés, mais aussi des marginaux, des chômeurs, des assistés sociaux, des idéalistes, des « ronds-de-cuir », des cyniques, des désemparés, etc. Et le portrait est d'autant plus trompeur qu'une bonne partie des 45-60 ans se compose aussi d'immigrés dont la culture et les valeurs forment une mosaïque fort diversifiée.

Un avenir souriant ou inquiétant ?

Une chose est certaine, tous les baby-boomers vieillissent, et les plus vieux parmi eux, dont je suis, s'apprêtent à entrer dans le « troisième » âge. Le troisième âge, oui, mais pas le dernier, puisqu'il y a maintenant ce que les spécialistes – peut-être eux-mêmes des baby-boomers –, appellent le « quatrième » âge. Le monde des aînés est désormais partagé en deux : les jeunes aînés (nous, bientôt) et les vieux (les vrais vieux). Selon ce regroupement, les jeunes aînés sont tous ceux qui, à compter de 65 ans, sont en bonne santé, peuvent continuer à travailler et à mener une vie pleinement active. Les aînés du quatrième âge, eux, sont ceux qui ont perdu une partie de leurs capacités fonctionnelles et sont entrés dans un univers de dépendance.

Selon les données les plus récentes, les baby boomers de 65 ans peuvent espérer vivre encore 19,2 années, avec la nuance habituelle, toujours un peu plus pour les femmes et un peu moins pour les hommes. Comment vivront-ils ces années ? On dit qu'ils arriveront à la retraite (s'ils n'y sont pas déjà) en bien meilleure santé que leurs parents; les trois quarts des jeunes retraités se disent d'ailleurs, selon une enquête, en bonne, très bonne et même excellente santé. Mais est-ce vraiment le cas ?

Des recherches présentent un tout autre tableau. Dans un bulletin publié en 2006, elle avance que « la vague de baby-boomers qui atteignent l'âge de 60 ans pourrait être la première géné-ration à inverser les tendances et à voir sa qualité de vie décliner. Depuis dix ans, le taux d'obésité chez les baby-boomers a grimpé de presque 60 %, pas moins de 52 % sont sédentaires, et, malgré tout, 80 % croient encore que leur espérance de vie sera plus longue que celle des générations précédentes. » Voici le « bulletin de santé » que présentent les nouvelles recheches :

Facteurs de risque reliés au mode de vie	Mauvaises nouvelles pour les baby-boomers		Les baby-boomers sont en plus mauvaise condition que les aînés d'aujourd'hui
	Il y a 10 ans	Aujourd'hui	Aînés d'aujourd'hui
Sédentarité/inactivité physique	43 %	52 %	50 %
Obésité (IMC > 30 kg/m^2)	19 %	30 %	24 %
Tabagisme	29 %	21 %	11 %

De quoi conforter les plus inquiets dans leur pessimisme! Il y a en effet une certaine angoisse chez les baby-boomers, ne serait-ce que cette préoccupation permanente de l'accès aux soins de santé. Vous connaissez sûrement des gens de votre génération qui ont reçu un diagnostic de maladie cardiaque ou d'hypertension artérielle, si vous n'êtes pas vous-même un de ceux-là. À moins que ce ne soit une affection dégénérative comme l'arthrose. Plusieurs ont aussi la hantise de vieillir, tant l'image de la vieillesse se présente sous un jour sombre : le déclin physique certes, mais aussi la perspective redoutable de sombrer dans la démence. « Si la science nous permet d'étirer longuement l'espérance de vie, nous finirons peut-être tous par souffrir de la maladie d'Alzheimer », dit Jules Poirier, du Centre McGill d'études sur le vieillissement.

Devant toutes ces menaces, pourrons-nous goûter aux plaisirs de la table jusqu'à 100 ans comme nous serions tentés de le souhaiter? Hélas, de l'avis des plus pessimistes, c'est peut-être cette table elle-même qui nous en empêchera. L'augmentation du taux d'obésité chez les baby-boomers (de même que dans la population en général) reflète non seulement l'inactivité physique accrue, mais elle révèle aussi une suralimentation, sinon une alimentation déficiente. Cela semble un paradoxe, car jamais n'a-t-on autant entendu parler de l'importance de l'alimentation pour la santé. Est-ce à dire que nous nions cette évidence?

Il est vrai que la plupart des gens très occupés que nous sommes encore mangent beaucoup au restaurant, achètent moult plats prêts-à-manger et ne consacrent guère de temps à la préparation des repas. Nous aimons sans doute bien manger, mais nous ignorons le plus souvent ce qui se trouve réellement dans nos assiettes en termes de nutriments. Et nous devenons plus gros, plus gras, mettant sur le compte de l'âge le cortège des problèmes de santé qui s'ensuivent : malaises digestifs, hypertension, anxiété, athérosclérose, diabète, risques accrus de cancer, etc. Est-ce ainsi que nous voulons entrer dans le troisième âge?

Il est peut-être vrai qu'une minorité de baby-boomers sont en mauvaise condition et que leur régime alimentaire serait à remettre en question, mais présumons que la plupart s'alimentent convenablement, font de l'exercice régulièrement et se disent en bonne forme. Avancer en âge y changera-t-il quelque chose? Si correct (et plaisant) que puisse sembler un régime alimentaire plus équilibré, peut-il garantir une qualité de vie prolongée, un vieillissement plus acceptable? Pouvons-nous ajouter quelques belles années à notre espérance de vie en changeant certaines de nos habitudes alimentaires, sans pour autant sacrifier au plaisir de manger?

Si vous avez ouvert ce livre, c'est parce que vous croyez que le régime alimentaire joue un rôle de premier plan dans la longévité. Pour ma part, je suis convaincue des bienfaits sur la santé d'une panoplie d'aliments, d'abord parce que j'ai eu la chance d'en constater les bienfaits, ce dont j'ai témoigné dans mes ouvrages précédents, ensuite parce que je suis persuadée que le plaisir de manger peut contribuer à me permettre de vieillir en conservant une qualité de vie qui m'est chère.

Ceux et celles dont l'alimentation fait fi des recommandations convergentes des experts et des autorités de la santé, c'est-à-dire qui mangent abondamment des mets gorgés de gras saturés, trop salés et trop sucrés, ont probablement déjà des problèmes de santé, surtout s'ils ne font pas d'exercice. S'ils ne changent pas leurs habitudes alimentaires, leurs problèmes ne pourront que s'aggraver. Et quand on sait que bon nombre de personnes âgées connaissent certaines difficultés à se nourrir convenablement en raison de leur condition physique ou sociale, l'espérance de vie de ces « jeunes malades » risque d'en prendre un coup !

Secrets de longévité

Si nous ne pouvons pas vivre éternellement comme on a prétendu que nous le souhaitions, pouvons-nous espérer vivre jusqu'à 100 ans ? Pourquoi pas ! Ce n'est pas de la science-fiction, le nombre de centenaires augmente sans cesse et quatre sur cinq d'entres eux sont des femmes.

Dans le monde, on estimait en 2006 le nombre de centenaires à 200 000. Des démographes ont projeté que l'espérance de vie pourrait atteindre 95 ans dans certains pays en 2046.

On parle aussi des supercentenaires, qui ont atteint ou dépassé l'âge canonique de 110 ans. Selon le *New Scientist*, on en comptait 66 dans l'ensemble du monde en février 2006, dont 59 étaient des femmes ; or, avant les années 1960, on n'en avait recensé que trois !

Les centenaires – surtout ceux qui sont en bonne santé – ne cessent de fasciner. Quel est donc leur secret ? Les multiples recherches révèlent une très grande diversité de facteurs, qui vont de l'hérédité à la bonne humeur, en passant par une vie disciplinée et sage (pas de tabac ni d'alcool) ou, au contraire, prendre un p'tit coup quotidien, fumer le cigare, boire du café et avoir une vie sexuelle trépidante (recette de quelques centenaires cubains qui ont peut-être omis d'ajouter une propension à raconter des histoires). Ce qui aide le plus néanmoins, c'est certainement d'être une femme.

Qu'il y ait des centenaires çà et là dans une population ne surprend guère. Les soins de santé, plus particulièrement les traitements de certaines maladies dont diverses formes de cancer, se sont grandement améliorés au cours des dernières décennies. Néanmoins, plusieurs d'entre nous redoutent les années de déclin qui accompagnent souvent le grand âge : « Centenaire peut-être bien, mais dans quel état ! » En 1999, l'Association américaine des personnes retraitées, dans un sondage effectué auprès de 2030 adultes, a révélé que l'âge auquel ils souhaitaient se rendre n'était que de... 91 ans !

Les recettes de longévité contradictoires de bien des centenaires ne sont pas très concluantes, et l'état physique et mental de bon nombre d'entre eux ne donne pas très envie de battre des records de longévité. Pourtant, à côté de cas isolés, des regroupements de centenaires en de mêmes points du globe indiquent que certains facteurs, dont une alimentation saine et à faible densité calorique, concourent à la longévité en bonne santé. Le Japon, par exemple, est non seulement le champion mondial de l'espérance de vie (78 ans pour les hommes, 85 ans pour les femmes), mais il est aussi le pays qui compte le plus grand nombre de centenaires (près de 29 000). C'est aussi le pays où on trouve l'une des plus intéressantes concentrations de centenaires. Il s'agit d'Okinawa, dont il sera question en détail dans la première partie de cet ouvrage. C'est en effet à Okinawa que les centenaires vivent en meilleure santé, leur moyenne de durée d'incapacité en fin de vie étant d'à peine plus de deux ans.

En nous inspirant d'exemples aussi convaincants, à défaut de vivre éternellement, pouvons-nous espérer mourir en bonne santé ? Que perdrions-nous à le croire ? Contrairement à ce que l'on pense généralement, manger moins et

plus sainement ne signifie nullement se mettre à la diète ou adopter un mode de vie fait de contraintes et de restrictions. Bien au contraire, il s'agit de mener une existence plus active, de prendre encore plus de plaisir à manger que nous en avons déjà et de nous arrêter quand nous n'avons plus faim... ou un peu avant.

Parmi les caractéristiques des baby-boomers, la recherche du plaisir est peut-être celle qui les définit le mieux. S'ils ont été moins gâtés qu'on le prétend, s'il ne sont pas devenus aussi riches et puissants qu'on le leur répète, ils ont tenté par tous les moyens de trouver le bonheur là où ils ont cru qu'il se trouvait. Ils ont été les premiers à partir en grand nombre sur les routes avec seulement quelques billets en poche pour aller découvrir ailleurs d'autres cultures, d'autres modes de vie. Plusieurs parmi eux sont revenus de ces voyages avec le désir de retrouver les saveurs que leurs papilles avaient goûtées. Dans plusieurs pays dont la tradition culinaire était plutôt sommaire, ils ont eu envie de se lancer dans l'élevage, de devenir fromagers, d'ouvrir des restaurants et des cafés. L'immigration a fait le reste.

Cuisiner, un art de vivre à l'âge mûr

Bien s'alimenter est une chose, encore faut-il y prendre plaisir. Or, il n'y a rien comme faire sa propre cuisine pour pousser l'expérience gustative à des niveaux de délices insoupçonnés. Certes, la cuisine des « autres », en particulier celle que l'on peut déguster dans certains restaurants, peut nous révéler des saveurs incomparables, mais à moins d'être très riche, les aventures gastronomiques sont souvent limitées... et parfois décevantes.

Cuisiner peut devenir un loisir éminemment gratifiant, en particulier à un âge où il arrive que l'on recherche de nouvelles occupations, de nouveaux défis, de nouvelles pistes à explorer. Cuisiner aujourd'hui n'évoque d'ailleurs plus la sempiternelle corvée quotidienne qui consiste à préparer toujours les mêmes plats. C'est au contraire un monde de découvertes et de sensualité qui se partage volontiers.

Cuisiner, c'est d'abord partir en exploration pour trouver des idées, des recettes, des plats, des aliments, des odeurs, des saveurs, des couleurs. Manger au restaurant ou voyager dans

cette perspective donne un relief particulièrement agréable aux sorties. Fréquenter les épiceries fines, les marchés, les bonnes fruiteries permet aussi de belles découvertes.

L'exploration peut s'effectuer dans les livres de cuisine, très nombreux et de tous les coins du monde, qui mettent l'eau à la bouche.

Dans ce livre, je vais d'abord vous présenter les régimes alimentaires de quelques groupes de centenaires, pour vous en révéler les habitudes alimentaires et les aliments qui semblent favoriser la longévité. Puis, en tenant compte de ces données, je proposerai des recettes par ailleurs conformes aux critères que je m'efforce de toujours appliquer à ma cuisine : saine, simple à préparer et savoureuse.

Les régimes alimentaires associés à la longévité

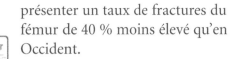

Le régime Okinawa

Okinawa est un archipel du sud du Japon qui compte plus de 1,3 million d'habitants, dont environ 400 centenaires, soit une proportion de 34 par 100 000 habitants, ce qui en fait la plus élevée du monde. L'ensemble de la population n'est cependant pas aussi âgée qu'on pourrait le penser, puisque 19 % sont des enfants. On s'est évidemment penché avec beaucoup d'intérêt sur les centenaires de ce coin du monde. Le ministère de la Santé du Japon étudie cette population particulière depuis plus de 30 ans, recueillant une foule de données sur le patrimoine génétique, l'environnement physique, social et culturel, et, naturellement, sur l'alimentation.

Les habitants d'Okinawa ont la plus longue espérance de vie du monde, et c'est là que l'on vit le plus longtemps en pleine possession de ses moyens : la moyenne de durée d'incapacité en fin de vie y est de 2,6 ans (contre 7 en Occident). Les maladies cardiovasculaires, les cancers hormonodépendants (sein, utérus, ovaire, prostate), l'obésité et le cancer du côlon y sont beaucoup moins fréquents que dans le reste du Japon et, à plus forte raison, qu'en Occident. Les Okinawans présentent une densité osseuse élevée, ce qui leur permet de

présenter un taux de fractures du fémur de 40 % moins élevé qu'en Occident.

Bien que l'alimentation joue un rôle crucial dans la santé et la longévité des habitants d'Okinawa, d'autres facteurs, comme l'activité physique, la vie communautaire et, probablement, une philosophie de vie fondée sur la sérénité, peuvent être rattachés à la religion ou à la spiritualité. Les Okinawans marchent beaucoup, travaillent jusqu'à un grand âge, font du tai-chi et jouent au croquet.

L'importance du régime alimentaire local ressort davantage quand on sait que les jeunes de là-bas, qui mangent de plus en plus « industriel » et à l'occidentale, sont en moins bonne santé que leurs aînés, et que les Okinawans qui émigrent ailleurs (par exemple, au Brésil) vivent moins vieux.

Mais quel est donc le secret de cette alimentation ? On pourrait y répondre en quelques mots : de la modération, des végétaux avant tout, et plus de poisson que de viande. On parle aussi de « restriction calorique », car le régime Okinawa comporte beaucoup moins de calories que le régime occidental typique. Or, on sait depuis au moins 70 ans que la restriction des apports caloriques retarde de façon importante les effets du vieillissement.

La notion de restriction calorique a engendré une autre notion, celle de densité calorique ou densité énergétique des aliments. Cette densité correspond au nombre de calories par 100 g d'aliments, divisé par 100. Les experts en nutrition en sont ainsi venus à classifier les aliments en quatre groupes : à très basse densité énergétique (moins de 0,8), à basse densité énergétique (de 0,8 à 1,5), à densité énergétique moyenne (de 1,5 à 3) et à haute densité énergétique (plus de 3). On ne se surprendra pas d'apprendre que les Okinawans mangent surtout des aliments du premier groupe, composés principalement de fruits et de légumes, et qu'ils ignorent pratiquement ceux du quatrième, dans lequel se retrouvent le fromage, le bacon, le beurre et les noix.

Le régime alimentaire à Okinawa repose par ailleurs sur quelques autres principes importants, qu'il convient de mentionner ici :

- cesser de manger avant d'être rassasié;
- ne consommer que de petites portions;
- manger des aliments variés et... colorés (plusieurs couleurs dans l'assiette);
- manger des aliments frais;
- cuire peu les aliments, et à feu doux;
- cuire et consommer les aliments séparément;
- combiner aliments crus et cuits;
- éviter la cuisson au micro-ondes et au barbecue.

Le régime Okinawa adapté pour les Occidentaux se résume comme suit :

consommer tous les jours

- 7 à 13 portions de légumes
- 7 à 13 portions de céréales

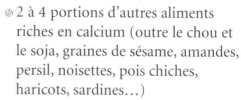

- 2 à 4 fruits
- 2 à 4 portions de soja ou de chou
- 2 à 4 portions d'autres aliments riches en calcium (outre le chou et le soja, graines de sésame, amandes, persil, noisettes, pois chiches, haricots, sardines…)
- 1 à 3 portions d'aliments riches en oméga-3 (poissons gras, graines de lin…)
- huile végétale et condiments (fines herbes, épices, sauce soja) en quantité modérée (1 à 2 c. à soupe)
- thé
- au moins 8 verres d'eau

facultatif durant la semaine

- 1 à 7 portions de viande, volaille ou œufs
- 1 à 3 portions d'aliments avec sucres ajoutés
- alcool avec modération

On voit ici l'importance des légumes et des céréales (complètes, bien entendu), ce qui va dans le sens des recommandations de plus en plus insistantes des nutritionnistes et autres experts en santé.
L'autre aspect essentiel du régime Okinawa à retenir est la modération, qui se traduit entre autres par de plus petites portions et l'arrêt de manger avant l'atteinte de la satiété.

Le régime crétois

On trouve en Crète, cette île de la Grèce, la population qui présente le taux de mortalité cardiovasculaire le plus bas au monde. Ici aussi, rien de mystérieux, car les Crétois consomment beaucoup de fruits et de légumes, peu de viande, pas mal de poisson. Ils ont néanmoins un régime beaucoup plus calorique que celui des Okinawans à cause de l'importance que prennent l'huile d'olive et le vin rouge dans leur alimentation. C'est aussi le régime traditionnel qu'on retrouve dans la plupart des pays autour de la Méditerranée, d'où l'appellation « régime méditerranéen » plutôt que crétois. On lui associe parfois le « paradoxe français », caractérisé par un régime, surtout dans le sud-ouest de la France, qui comporte des gras en abondance (foie gras, canard) et du vin rouge.

Ces habitudes alimentaires méditerranéennes signifient que les repas sont riches en fibres, en vitamines et en minéraux, et que les gras consommés sont plutôt des acides gras monoinsaturés, donc bien meilleurs pour la santé que les gras saturés. Des études effectuées sur les Crétois ont montré que leur régime alimentaire réduisait non seulement les risques de maladie cardiovasculaire, mais aussi de cancer (de 24 % selon une recherche effectuée en 2003) et de la maladie d'Alzheimer (de près de 40 % selon une autre recherche datant de 2006).

Voyons un peu plus en détail de quoi se compose le régime crétois :

- les légumes sont toujours de saison, cuits ou crus; ce sont les aliments que les Crétois consomment en plus grandes quantités (jusqu'à 250 g par jour); ils les dégustent en salade avec une vinaigrette faite d'huile d'olive et de jus de citron; à noter que les peuples méditerranéens font un usage abondant de l'ail, des épices et des fines herbes, comme les herbes de Provence, aliments tous réputés pour prévenir plusieurs maladies;

- les fruits aussi peuvent être crus ou cuits (en compote, par exemple, mais avec le moins de sucre ajouté possible); ils en consomment jusqu'à 300 g par jour;

- les produits laitiers sont surtout du fromage de chèvre ou de brebis, mais aussi des yogourts (auxquels ils ajoutent des fruits frais); très peu de lait, pas de beurre (de l'huile d'olive plutôt);

- l'huile d'olive est omniprésente, servant aussi bien aux vinaigrettes qu'à la cuisson ou comme corps gras dans les recettes;

- le vin rouge, grâce aux polyphénols qu'il contient (de puissants antioxydants), a un rôle protecteur contre plusieurs maladies, principalement les affections cardiovasculaires; on

recommande d'en consommer
modérément toutefois, soit de un
à deux verres par jour;

◑ dans la perspective plus large du
régime méditerranéen, céréales et
légumineuses sont les bienvenues :
les céréales sont surtout le pain
complet, les pâtes complètes et le riz
complet, à mettre au menu chaque
jour; quant aux légumineuses (poids
chiches, lentilles, haricots blancs et
rouges, fèves), elles se retrouveront
dans l'assiette deux à cinq fois par
semaine;

◑ pour assurer un apport de protéines
suffisant, les peuples méditerranéens
mangent surtout du poisson, notamment des poissons gras comme la
sardine, le maquereau et le hareng,
réputés pour leur teneur en acides
gras oméga-3, mais aussi de la
volaille (poulet, canard, pintade);
pas de viande rouge, ou très peu !

◑ on trouve peu d'aliments sucrés
(à part les fruits) dans ce régime.

Le régime crétois (ou méditerranéen)
assure un apport calorique quotidien
variant de 1800 à 2500 calories par
jour, alors que le régime Okinawa se
restreint à moins de 1800 calories.

On a aussi noté que les Méditerranéens profitent largement de l'ensoleil-
lement de leur région, qui leur assure
un excellent apport de vitamine D. Or,
cette vitamine joue un rôle important
dans l'absorption et la rétention du

calcium et dans la prévention de
l'ostéoporose. Malheureusement,
nous ne pouvons tous bénéficier
d'une telle exposition au soleil
(ce qui est peut-être une bonne chose
si nous voulons éviter de développer
des rides et des cancers de la peau) et
devons compenser soit par des suppléments, soit, ce qui est préférable, par
notre alimentation. En consommant
plus de poisson, nous ferons d'une
pierre plusieurs coups : absorber les
protéines dont nous avons besoin, faire
le plein de ces oméga-3 tant vantés et
obtenir cette vitamine D qui nous fait
si cruellement défaut. Les poissons les
plus riches en vitamine D sont le saumon, le thon rouge, le hareng et la
truite; on en trouve aussi pas mal dans
les champignons shiitakes et les huîtres.

D'autres régimes de centenaires

Il y a dans plusieurs autres coins du
monde des peuplades ou des commu-
nautés dont la longévité est exception-
nelle et qui ont surpris les observateurs
par leur nombre élevé de centenaires.
Ce sont notamment les Hunzas au
Pakistan, les Abkhazes en Géorgie et
les Vilcabambas en Équateur.

Les Hunzas mangent des légumes
et des fruits crus et secs (beaucoup
d'abricots, dont ils extraient aussi
l'huile des noyaux), des légumineuses
et peu de viande. Le régime des
Abkhazes se compose de fruits et de
légumes (oignons, ail et piments en
bonnes quantités), de légumineuses, de
pain non levé, d'un peu de viande de
mouton, de bœuf et de volaille, de lait

caillé et de fromage de chèvre, de sucre et de sel. Quant aux Vilcabambas, ils consomment principalement du maïs, des haricots, de la viande de chèvre, des œufs, du fromage et une soupe appelée *repe*, à base de bananes, de haricots, de fromage blanc, de sel et de lard.

Notons certains points communs entre les trois régimes, comme la consommation de légumes, mais ce qui les distingue, c'est le niveau calorique beaucoup plus bas qu'en Occident.

On a par ailleurs étudié plusieurs groupes de centenaires ailleurs dans le monde, notamment en Suède, à Cuba, à Pékin et en Nouvelle-Angleterre, mais aucun régime alimentaire type ne semble se dégager. En Suède, des centenaires affirment même avoir dédaigné les fruits et les légumes toute leur vie ! S'il semble y avoir un dénominateur commun dans toutes les enquêtes sur le plan alimentaire, c'est la modération ou une certaine frugalité.

La restriction calorique

Cela nous amène à cette fameuse théorie qui veut que moins nous mangeons, plus nous vivons vieux. En 1935, Clive McKay, un nutritionniste de l'Université Cornell, a découvert que des souris recevant 30 % de calories de moins que ce que leur fournissait leur régime habituel vivaient 40 % plus longtemps que leurs congénères de laboratoire. Beaucoup plus récemment, on a fait des expériences similaires sur des singes rhésus qui ont confirmé l'effet bénéfique d'un régime hypocalorique sur le vieillissement. Non seulement les

singes qu'on nourrit moins vivent plus longtemps, mais ils ne souffrent pas de diabète, présentent une tension artérielle moins élevée, ainsi que des niveaux sanguins plus bas de certains gras, de glucose et d'insuline. Il semble, selon des scientifiques, que la restriction calorique préserve la sécrétion de l'hormone de croissance, laquelle favorise normalement le maintien de la masse musculaire et la décomposition des lipides en acides gras, ce qui contribue à réduire l'accumulation de tissu adipeux.

De là à croire que manger moins nous permettrait de vivre plus longtemps, il n'y a qu'un pas que des théoriciens de l'alimentation ont été tentés de franchir. D'autant plus aisément que les régimes que nous avons passés en revue précédemment semblent indiquer qu'une des clés de la longévité réside dans la modération calorique. Au cours des dernières années, on a « inventé » des tas de régimes hypocaloriques. Cependant, c'étaient beaucoup plus des méthodes d'amaigrissement que des modes alimentaires destinés à prolonger l'existence humaine. Ainsi, la diète Atkins, le programme alimentaire de densité énergétique de Barbara Rolls, le jeûne protéiné, le programme Minçavi, le régime Pritikin, pour ne citer que quelques exemples, préconisent tous des formes de restriction calorique qui font perdre du poids. Et quand on sait que la perte de poids diminue le risque d'un lot de maladies affectant particulièrement les personnes vieillissantes, on pourrait croire que tous ces régimes devraient avoir un effet bénéfique sur la longévité.

Toutefois, ils ne sont le plus souvent que temporaires, et il est loin d'être évident qu'ils sont bons pour la santé.

Plus scientifiquement, on essaie de savoir depuis quelques années si effectivement la restriction calorique a un effet sur la longévité humaine. Des chercheurs américains ont observé les effets d'un régime alimentaire pauvre en calories chez des sujets humains pendant six mois pour constater que certains marqueurs associés au vieillissement étaient moins prononcés, entre autres le taux d'insuline et la température corporelle. Dans certains cas, le nombre de calories par jour était abaissé jusqu'à 890, soit bien au-dessous du seuil minimum requis pour un adulte (environ 2000 calories)[2].

Malgré ces résultats, les scientifiques sont prudents. On sait que d'autres facteurs importants sont en jeu dans le vieillissement, notamment l'hérédité. En outre, la réduction calorique sur une base permanente risque d'engendrer de sérieuses carences nutritionnelles, comme le démontrent d'ailleurs les problèmes de santé que peuvent connaître les personnes qui multiplient les régimes amaigrissants ou qui passent rapidement à des régimes restrictifs radicaux, comme le crudivorisme (ou alimentation vivante), le végétalisme, la macrobiotique ou le régime paléolithique.

2. Conclusion publiées dans le *Journal of the American Medical Association*, avril 2006.

Mieux manger pour mieux vieillir

Quelles conclusions peut-on tirer des observations s'appliquant aux régimes alimentaires des centenaires et des recherches sur la restriction calorique en relation avec le vieillissement? Moins manger ne peut nous assurer à coup sûr une longévité plus grande, mais il est certain que réduire la quantité d'aliments à haute densité calorique dans notre régime et augmenter la part des aliments à faible densité calorique, par ailleurs riches en nutriments, ne peuvent qu'améliorer nos chances de vieillir en meilleure santé et, peut-être, plus longtemps.

Il est d'ailleurs de plus en plus connu qu'une alimentation plus saine contribue à prévenir bien des maladies, à maximiser l'effet de certains traitements médicaux, à soulager des douleurs, à donner une plus belle apparence et même à faire perdre du poids. Or, ce sont là toutes des conditions qui assurent une meilleure qualité de vie au fur et à mesure que nous vieillissons.

Comment une telle orientation peut-elle se traduire dans nos choix alimentaires? Principalement en écartant de notre régime – ou du moins en en restreignant grandement leur consommation – les aliments gras, très sucrés ou trop salés, qui, comme par hasard correspondent à ceux qui ont une densité calorique très élevée. Ce sont surtout les viandes rouges, les fritures, les sucreries... et toutes ces préparations commerciales, en conserve ou surgelées, dont on ne sait trop ce qu'elles contiennent, sinon du sel en quantité exagérée.

Certes, cela peut signifier de renoncer à certains petits plaisirs, mais il est facile de les compenser par l'infinie variété d'aliments plus sains, à faible densité énergétique, qui peuvent entrer dans la composition de milliers de plats délicieux. On parle de plus en plus de « superaliments » santé qui, outre leur faible incidence calorique, sont bourrés de nutriments bénéfiques (vitamines, minéraux, antioxydants, fibres, etc.).

Au premier chef, ce sont les fruits et les légumes, dont les meilleurs en termes de densité énergétique sont la laitue, le concombre, la tomate, le radis, l'endive et la courgette (moins de 0,2 de densité calorique). Le brocoli, l'asperge, le citron, le haricot vert et l'oignon présentent aussi un rapport quantité/nombre de calories très faible. Et peu caloriques également (encore qu'un peu plus) sont la betterave, l'abricot, l'orange, le melon, la pêche, l'ananas, la pomme, la prune et la poire. Outre les fruits et les légumes mentionnés, signalons, parmi les aliments très avantageux sur le plan calorique, le thé, les champignons (de Paris), le lait de soja (nature), le tofu et le yogourt nature sans gras. L'intérêt particulier de ces aliments, c'est qu'on peut pratiquement les consommer sans se soucier de la quantité.

Cependant, il n'est pas souhaitable de composer des menus uniquement à base de ces aliments, car nous avons besoin d'une grande diversité de nutriments (dont des protéines). N'hésitons donc pas à inclure dans nos repas tous les autres fruits et légumes, des poissons maigres et des coquillages (mollusques et crustacés), de la volaille, du riz, des pâtes (céréales) et des légumineuses (la riche famille des haricots secs).

La densité calorique des aliments n'est pas une donnée évidente. Les sources se contredisent et, de plus, cette densité varie selon que l'on consomme l'aliment cru ou cuit, en entier ou en partie, nature ou traité à des fins de conservation. Et dès que l'on cuisine, c'est-à-dire que l'on apprête des plats en mélangeant des ingrédients, on ajoute des calories aux aliments de base. Par exemple, toutes les recettes qui exigent de l'huile d'olive sont forcément beaucoup plus caloriques que si l'on consommait les ingrédients nature, séparément. C'est cependant une bonne huile pour la santé (voir p. 113), que je considère indispensable et préférable aux autres huiles.

J'ai donc choisi les aliments de la deuxième partie en fonction de leur densité calorique, mais aussi de leur valeur nutritive. À ne consommer que des aliments de basse ou très basse densité calorique, on risque de ne pas suffisamment absorber de nutriments, notamment des protéines. Mais si on mange plus calorique, même des aliments sains, il faut davantage restreindre les portions. Au fond, ce n'est pas la densité calorique de chaque aliment pris isolément qui compte le plus, mais le nombre total de calories absorbées chaque jour qui résulte des combinaisons alimentaires composant nos menus.

Les facteurs qui ont présidé à mes choix pourront vous sembler limitatifs, mais ils obligent à explorer davantage de possibilités, ils incitent à introduire de nouveaux aliments dans les menus. C'est ainsi que, quand nous désirons changer des habitudes alimentaires,

nous découvrons toutes sortes de produits aux saveurs et aux textures nouvelles, et que nous sommes amenés à élargir notre palette de goûts... et de plaisirs. Loin donc d'être une voie restrictive et contraignante, la quête d'une meilleure santé et, qui sait, d'une plus grande longévité par l'alimentation est une aventure sensuelle stimulante que je vous invite à partager.

Les légumes

Pour tous les aliments de cette section, j'indique la densité calorique selon une échelle de quatre valeurs :

très basse = moins de 80 calories par 100 grammes

basse = de 80 à 150 calories par 100 grammes

moyenne = de 150 à 300 calories par 100 grammes

haute = plus de 300 calories par 100 grammes

Les légumes ont encore mauvaise réputation auprès des gourmands, qui les associent le plus souvent à des plats dépourvus de saveur. Il est vrai qu'il n'y a pas si longtemps, jusqu'aux années 1960 environ, en plusieurs points du globe où le climat ne leur permettait pas de croître et de se développer plus de deux mois par année, les légumes frais étaient une denrée rare; seuls les habitants des pays chauds pouvaient en consommer à l'année. Dix mois sur douze, tous ceux qui n'avaient pas la chance d'habiter sous un tel climat devaient se rabattre sur les conserves. Les premiers baby-boomers ne trouvaient alors dans leur assiette que des haricots d'un vert tirant sur le gris, des carottes bouillies et trop cuites, des macédoines molles et insipides, des asperges difformes au goût douteux. Sans parler des soupes en conserve qui étaient elles aussi composées des mêmes éléments, petites choses informes et ramollies surnageant dans des liquides brouillés et trop salés. Ce n'est plus vrai aujourd'hui. Si les conserves restent généralement peu appétissantes, les épiceries regorgent de produits frais aux couleurs alléchantes et aux arômes invitants. Nous n'avons plus d'excuse, cette abondance est à la portée de tous, les comptoirs de fruits et de légumes font d'ailleurs la fierté des grandes chaînes de supermarchés. Malgré tout, en dépit d'une hausse légère de leur consommation, malgré le mitraillage médiatique prônant une alimentation plus vitaminée, les enfants comme les adultes continuent à penser que les carottes n'ont été créées que pour les lapin... et les végétariens.

Comment manger plus de légumes

Dernièrement, j'ai redécouvert le plaisir de manger des aliments frais. Depuis ce bref retour aux sources, mon conjoint et moi avons remplacé progressivement l'apéritif que nous avions bu rituellement tous les jours pendant plus de vingt ans avant notre repas du soir par une variété de légumes et de fruits frais. Évidemment, ce passage à un régime plus sain et plus solide ne s'est pas fait en un jour. Mais petit à petit, parce que nous pouvions apprécier les bienfaits bien réels que nous procurait cette entrée naturellement apéritive, nous avons troqué notre verre d'alcool pour une assiette de crudités. Nous avons rapidement remarqué que nous nous sentions plus alertes et moins lourds après le repas et que nous dormions mieux. Et dans mon cas, les douleurs arthritiques dont je souffrais au bassin et au dos commencèrent à s'estomper.

Au bout de six mois, notre rituel s'était transformé. Le truc est on ne peut plus simple, il s'agit de se composer des assiettes appétissantes comprenant une gamme très variée de légumes crus, bâtonnets de carotte, branches de céleri, languettes de poivron rouge ou jaune, bouquets de chou-fleur et de brocoli, tranches de concombre et de tomate, feuilles d'épinard, de roquette et de salades variées auxquelles nous ajoutons des tranches de melon, de poire et de pomme, des cubes d'ananas et, en saison, des fraises, des framboises et des bleuets qui sont du plus bel effet sur un lit bien vert de feuilles de salade. Si les couleurs vives sont pour certains aliments des signes de leurs pouvoirs curatifs, elles ont aussi des propriétés apéritives reconnues.

Cette entrée abondante aux variations presque illimitées ne requiert aucun apprêt et, avantage précieux, elle renferme à elle seule plus que la dose recommandée par les nutritionnistes des pays occidentaux pour vivre en bonne santé, c'est-à-dire au moins cinq portions par jour. De plus, parce qu'elle est servie avant le repas principal, elle porte à manger moins. Et enfin, parce qu'elle renferme des antioxydants en abondance, elle va contribuer à neutraliser les gras contenus dans les plats que nous mangerons ensuite. Je ne saurais trop recommander ce truc si simple qui compte encore plusieurs avantages à mes yeux. Il est convivial, toute la famille pouvant participer à sa préparation : laver des légumes et des fruits, les peler, les trancher, les disposer dans des assiettes sont des gestes agréables qui peuvent réunir tous les membres de la famille dans la cuisine. S'il arrivait que certains se montrent peu enclins à manger des crudités, consultez les recettes de la troisième partie et préparez des trempettes avec eux.

Vous n'aimez vraiment pas manger les légumes crus? Faites-les cuire à la vapeur quelques minutes, parfumez-les d'herbes fraîches et arrosez-les d'un peu d'huile d'olive. Faites cuire plusieurs légumes dans une marguerite et, lorsqu'ils sont encore croquants, rangez-les dans des contenants hermétiques. Il se conserveront trois ou quatre jours au frigo et vous aurez une entrée toute prête à déguster le soir en rentrant du travail. Encore là, l'assiette composée d'une variété d'aliments colorés est toujours plus alléchante. Pour mieux vaincre vos réticences, n'hésitez pas à y ajouter des cœurs d'artichaut, des olives ou des fruits. Évitez de choisir des aliments trop caloriques, rappelez-vous qu'il s'agit de manger plus de légumes. Mitonner des soupes est un autre moyen savoureux de consommer des légumes cuits. Vous trouverez plusieurs recettes dans la troisième partie de ce livre. Préparez à l'avance de bons bouillons et faites-vous des soupes express en y plongeant des fines lamelles de carotte, des dés de poivron et de céleri et un peu de couscous, vous obtiendrez ainsi une soupe qui n'aura pas pris plus de cinq minutes à cuire.

Une autre excellente manière de consommer des légumes consiste à en extraire le jus. De la plupart des fruits et des légumes (et même de certaine céréales), on peut extraire des jus très bénéfiques pour la santé. Les jus frais sont généralement plus digestibles que les aliments eux-mêmes et ils sont supérieurs aux jus du commerce, dont les ingrédients ont été traités et transformés, qui contiennent des additifs ou ont été pasteurisés. Avec des jus frais, obtenus grâce à un extracteur de bonne qualité, on obtient le maximum de nutriments pour répondre aux besoins de l'organisme et améliorer sa santé.

Les jus frais ont des propriétés thérapeutiques reconnues depuis longtemps. Par exemple :

☙ le jus de céleri facilite la digestion et soulage des douleurs arthritiques;

☙ le jus de carotte combat les aigreurs d'estomac et l'hyperacidité;

⚘ le jus de valériane améliore la qualité du sommeil et diminue le stress;

⚘ le jus de millepertuis lutte contre la dépression et le surmenage, la névralgie, les maux de tête et les rhumatismes.

On fait des jus de légumes à partir de légumes entiers : feuilles, tiges et racines (sauf la rhubarbe et la carotte, dont les feuilles crues sont toxiques), et on obtient un maximum de nutriments.

Les combinaisons réservent souvent de délicieuses découvertes. Voici quelques suggestions :

⚘ carotte, concombre, céleri;

⚘ ail, carotte, céleri, cresson, échalote, persil, poivron rouge, tomate (V8 maison);

⚘ betterave, carotte, poivron, pomme;

⚘ betterave, carotte, concombre;

⚘ épinard, céleri, persil, carotte;

⚘ chou, pomme, citron;

⚘ pamplemousse, orange, miel;

⚘ cantaloup, cerises (fraises ou bleuets).

Si vous n'avez pas d'extracteur de jus mais que vous possédez un mélangeur, faites vos propres expériences en vous inspirant de la recette de base qui suit.

Jus de légumes frais au mélangeur
pour une personne

Mettre dans la jarre 1 tranche d'oignon rouge, 1 carotte, brossée et coupée en tronçons, quelques feuilles de céleri, rincées, 2 à 3 feuilles d'épinard rincées, 2 à 3 feuilles de roquette rincées et 3 tomates cerises, coupées en deux. Mélanger 5 secondes, ajouter ½ tasse d'eau froide (ou d'un jus de légumes de votre choix, eau de cuisson d'autres légumes, par exemple) et pulser de nouveau environ 5 secondes. Saler et poivrer au goût, et passer au tamis.

Ail

Si c'est avant tout la tradition populaire qui a acquis à l'ail ses lettres de noblesse, les médecins et les chercheurs d'aujourd'hui ont enfin reconnu le bien-fondé de sa réputation et le considèrent aujourd'hui comme un des aliments les plus thérapeutiques qui soit. Consommé cru, il est un antiviral efficace. C'est aussi un antioxydant qui contient des substances chimiques capables de prévenir plusieurs formes de cancer. L'ail stimule le système immunitaire, soigne les bronchites chroniques et exerce des effets expectorants.

Densité calorique : très basse

Dans la cuisine

Il existe environ 300 variétés d'ail. L'ail commun blanc est celui auquel on reconnaît le plus de propriétés, tant curatives que culinaires. Choisissez des têtes fermes, bien charnues et dépourvues de germes. Un bulbe friable et sec n'est pas frais. Conservez l'ail dans un endroit sec et frais, à l'abri de la lumière, dans un contenant bien aéré. Il se conserve plusieurs semaines.

L'ail est un des ingrédients vedettes de la cuisine méditerranéenne. Les gourmets et les gastronomes du monde entier le vénèrent pour la saveur et le parfum qu'il confère aux plats cuisinés. À part les desserts, on peut l'ajouter à tous les mets et il s'accommode de toutes les cuissons.

Recettes (contenant au moins 3 gousses d'ail)

- Artichauts farcis (p. 172)
- Cuisses de canard en chemise (p.246)
- Lapin au citron (p. 247)
- Lapin au fenouil (p. 248)
- Moules gratinées (p. 231)
- Pistou à la coriandre (p. 141)
- Spaghettinis du pêcheur (p. 232)
- Sauce tomate de base (p. 135)
- Sauce tomate aux lentilles (p. 220)
- Poulet rôti à la pâte d'épices (p. 251)

Algues

Les algues, ou légumes de mer, sont hypocaloriques, riches en protéines, et elles sont une source abondante de minéraux et de vitamines. Elles constituent un précieux complément à notre alimentation et une solution de rechange intéressante aux produits laitiers (calcium) et carnés (protéines). Le wakamé, semblable à une grande feuille dentelée, est une algue savoureuse; fine et délicate, elle entre dans la composition des potages, des sauces et des salades, et accompagne le riz et le tofu. Le haricot de mer, fin, allongé et vert, rappelle le haricot vert et s'harmonise bien avec le poisson. Une autre algue, rouge celle-là, est appelée dulse ou petit goémon. L'algue nori, mélangée à un plat de spaghettis, de riz ou en omelette, est très riche en protéines.

Densité calorique : très basse

Dans la cuisine

Les algues que l'on peut se procurer dans les magasins d'aliments naturels se vendent séchées et se conservent aisément dans des contenants hermétiques. Afin de conserver une bonne quantité de leurs éléments nutritifs, il est préférable de les consommer sous forme de potages, les nutriments se libérant dans le bouillon. L'un des moyens les plus commodes pour intégrer ces légumes de la mer à son alimentation consiste à en saupoudrer différents mets, par exemple des entrées de légumes crus, des potages, des plats en sauce.

Recette

⑥ Soupe aux champignons à l'orientale (avec petits goémons) (p. 194)

Aubergine

Ce beau légume à la forme opulente et à la couleur riche est tout à fait digeste et contient très peu de calories. L'aubergine, riche en antioxydants, qui contribuent grandement à atténuer les effets du vieillissement, est faible en protéines, en glucides et en lipides, mais suffisamment pourvue en potassium pour activer ses propriétés diurétiques.

Densité calorique : très basse

Dans la cuisine

Si l'aubergine contient très peu de calories, elle absorbe en revanche une grande quantité de gras au cours de sa cuisson. Il est donc préférable de la cuire à l'étuvée dans des sauces et des ragoûts. Plusieurs pays en ont fait de savoureux plats traditionnels : moussaka (Grèce), ratatouille (France), baba ganoush (Liban), aubergine parmigiana (Italie). Elle confère une saveur unique aux sauces tomate.

Recettes

- Aubergine farcie au quinoa (p. 204)
- Gratin de millet à l'aubergine (p. 218)
- Lasagne sans lasagnes (p. 216)
- Pizza sauce à l'aubergine (p. 274)
- Ratatouille (p. 136)

Betterave

Les feuilles de la betterave rouge sont très nutritives, mais c'est sa racine que l'on consomme le plus couramment. Elle est riche en potassium et en fer, et constitue une bonne source d'acide folique, une vitamine du groupe B qui favorise le développement des globules rouges. Sa belle couleur lui vient de la bétanine, une substance qui colore aussi l'urine parce qu'elle n'est pas métabolisée par le système digestif. En raison de sa charge glycémique (teneur en sucre), elle est déconseillée aux diabétiques.

Densité calorique : très basse

Dans la cuisine

Il est préférable d'acheter des petites betteraves ou de grandeur moyenne, qui seront plus faciles à peler après la cuisson. On recommande cependant de manger la betterave crue (râpée) pour bénéficier de tous ses nutriments. Toutefois, portez un tablier et protégez votre plan de travail avec du papier ciré lorsque vous la râpez. Si vous préférez la consommer cuite, il vaut mieux, pour lui conserver un maximum de nutriments, lui garder sa pelure et la cuire soit en la faisant bouillir, soit en la mettant au four, dans une chemise de papier parchemin.

Recettes

- Compote de fruits à la betterave (p. 161)
- Riz à la betterave (p. 260)
- Salade de betteraves et de courgettes (p. 170)

Brocoli

Le brocoli est l'un des légumes les plus riches en vitamine C et contient aussi du bêtacarotène, deux substances qui lui confèrent un pouvoir antioxydant remarquable. Il possède en outre une importante concentration de fibres. De nombreuses études menées aux États-Unis ont montré que les personnes qui consomment régulièrement du brocoli courent moins de risque de souffrir de cancers et de maladies cardiovasculaires.

Densité calorique : très basse

Dans la cuisine

Cuit dans un bouillon avec des courgettes et des oignons, le brocoli compose de délicieux potages. Cuit à la marguerite ou dans la marmite à pression, il accompagne bien les grillades et le poisson, ou compose une savoureuse entrée gratinée. Cru, il donne du croquant aux salades et compose de ravissants bouquets sur un plateau de crudités.

Recettes

- ◌ Croustade de légumes au boulgour (p. 206)
- ◌ Gratin de brocoli aux amandes (p. 217)
- ◌ Salade aux légumes d'hiver (p. 264)

Carotte

La carotte est une excellente source de bêtacarotène, de potassium et de fibres. Ses vertus sont innombrables, c'est l'un des aliments santé qui contient le plus de propriétés thérapeutiques. C'est une bonne source de potassium, de pectine et de fibres. Son jus régénérateur est très bénéfique pour le foie.

Densité calorique : très basse

Dans la cuisine

Les carottes vendues avec leurs feuilles ont encore meilleur goût, mais toutes se conservent plusieurs semaines au réfrigérateur.

Elles se cuisinent d'une multitude de manières, en potage, en entrée et en accompagnement, et entrent dans la préparation de savoureux gâteaux, biscuits et muffins. Elles font également un jus excellent rempli de vertus. Leurs fanes (feuillage) font de bons potages, et on peut les ajouter aux salades et aux sauces.

Recettes

Champignons

Les champignons donnent du goût à tous les aliments qu'ils côtoient. Étonnamment nutritifs malgré leur teneur élevée en eau, ils dissimulent plusieurs vitamines et minéraux. Il y a des centaines d'espèces comestibles, dont la plus courante, le champignon de couche (ou champignon de Paris), est aussi l'une des moins chères. Les pleurotes, bolets et chanterelles sont des espèces plus raffinées, tandis que le portobello, une variété géante de champignon de couche, se farcit fort bien de toutes sortes de garnitures.

Du côté asiatique, on a le champignon enokitake, très apprécié des Japonais, mais surtout le shiitake, reconnu depuis des siècles pour ses bienfaits sur la santé. C'est un champignon de couleur foncée dont la texture rappelle celle de la viande. Il a la réputation d'être très efficace contre le virus de la grippe.

Densité calorique : très basse

Dans la cuisine

Procurez-vous de préférence des champignons frais ou, si ce n'est pas possible, déshydratés (c'est le plus souvent le cas des shiitakes). Les champignons en conserve contiennent beaucoup trop de sel. Les champignons s'apprêtent d'innombrables façons, crus ou cuits : sautés, grillés, rôtis ou braisés, farcis ou en ragoût, dans les pâtés ou dans les farces, en salade ou dans une simple vinaigrette.

Recettes

- Artichauts farcis (voir Variante) (p. 172)
- Aubergine farcie au quinoa (p. 204)
- Crostinis aux champignons (p. 176)
- Croustade d'orge aux légumes (p. 205)
- Potage aux flocons de sarrasin (p. 185)
- Soupe à l'orge mondé (p. 197)
- Soupe aux champignons à l'orientale (p. 194)
- Soupe épicée à la japonaise (voir Variante) (p. 198)
- Terrine de champignons aux pois chiches (p. 177)

Chou et chou chinois

Tous les légumes de la famille des crucifères, que ce soit le chou vert, le brocoli, le chou-fleur, le chou de Bruxelles, les choux chinois (nappa, pak-choï pour ne nommer que ceux-là) contiennent des antioxydants en abondance et des vitamines essentielles à la santé. Aliments guérisseurs avérés et aliments minceur respectés, ils devraient figurer au menu tous les jours et pas seulement une fois la semaine.

Densité calorique : très basse

Dans la cuisine

Oubliez la sempiternelle salade de chou, mouillée et fade, et découvrez au chou cru toutes ses qualités. Tranché en fines lanières, mélangé à des salades fraîches et nappé d'une vinaigrette simple faite d'huile d'olive et de jus de citron, le chou possède une tout autre saveur. Mélangé à vos légumes et à vos fruits préférés, pommes, poires ou clémentines, il fait une entrée rafraîchissante et ouvre l'appétit.

Choisissez de préférence un chou jeune et retirez ses feuilles externes plus coriaces et le trognon fibreux avant de le préparer. Ajoutez-y des cubes de fruits ou des dés de tofu, des laitues variées et des amandes, et vous aurez une salade repas délicieuse. Les feuilles du pak-choï se cuisent comme des épinards, ses côtes comme du céleri.

Recettes

- Cari de haricots blancs (pak-choï) (p. 212)
- Cari de pétoncles et de tilapia (pak-choï) (p. 241)

Courge et courgette

Les courges appartiennent à la vaste famille des cucurbitacées, bourrées de fibres et de vitamines, et chargées de nutriments aux propriétés antioxydantes. On distingue les courges d'hiver, à la peau épaisse, et les courges d'été, plus tendres mais qui se conservent moins longtemps. Dans le premier groupe, on retrouve la courge musquée, la courge de Hubbard, la reine de la table, la courge spaghetti et la citrouille; dans le second, la courgette, le pâtisson et la chayotte.

Densité calorique : très basse

Dans la cuisine

Les courges se prêtent à d'innombrables usages en cuisine. S'il faut faire cuire les courges d'hiver, les courges d'été peuvent se manger en salade. On peut faire de ces légumes des purées, des potages et des desserts, les ajouter aux ragoûts et même les faire griller (courges d'été). J'ai un faible pour la courgette, qui remplace avantageusement la pomme de terre pour épaissir les potages. La courge spaghetti est un excellent moyen de déguster une sauce tomate (p. 135) sans absorber les abondantes calories qu'on trouve dans les pâtes.

Recettes

Recettes (suite)

Épinard

Ces belles feuilles d'un vert profond dissimulent une importante source de fibres, de vitamines C et E, et de chlorophylle, et contiennent bon nombre de sels minéraux. Mais c'est leur forte teneur en caroténoïdes et en bêtacarotène qui en fait le légume anticancer par excellence avec le chou. Beaucoup d'études révèlent en effet que les personnes qui consomment régulièrement des épinards sont moins exposées à divers types de cancer, plus particulièrement le cancer du poumon. L'épinard s'impose aussi parce qu'il a détrôné le haricot vert de sa position enviable de légume minceur.

Densité calorique : très basse

Dans la cuisine

Choisissez de belles feuilles vertes, jeunes de préférence. Crues, ajoutées à des feuilles de laitue, les feuilles font de bonnes salades nourrissantes. Cuites, elles entrent dans la composition de potages, de ragoûts, de plats au gratin et de feuilletés, et font une savoureuse garniture aux plats de viande.

Recettes

- Flans aux rapinis (p. 182)
- Rouleaux de lasagne aux épinards et aux pistaches (p. 214)
- Salade d'épinards aux fruits (p. 282)
- Salade de betteraves et de courgettes (p. 170)

- Salade de crevettes à la papaye (p. 230)
- Tarte au saumon sans croûte (p. 235)
- Tarte aux légumes sans croûte (p. 210)

Fenouil

Ce légume bulbe au bon goût anisé qui s'apparente au céleri possède des propriétés digestives dont les diabétiques et les rhumatisants voudront profiter. Il contient des vitamines en abondance, des sels minéraux et du fer. Il est également riche en bêtacarotène et contient de l'acide folique.

Densité calorique : très basse

Dans la cuisine

Aussi bon cru que cuit, le fenouil se cuisine un peu comme le céleri. N'utilisez que le bulbe, les tiges sont fibreuses. Consommé tel quel, il fait un délicat hors-d'œuvre qui ouvre l'appétit et donne du croquant aux salades. Cuit, son goût anisé s'atténue; il compose alors des potages au goût subtil et constitue un incomparable légume d'accompagnement pour une variété de plats de viande et de poisson.

Recettes

- Lapin au fenouil (p. 248)
- Potage aux légumes grillés (p. 186)
- Potage de poisson au fenouil (p. 190)

- Sauce tomate au fenouil et à l'orange (p. 221)
- Tourte au fenouil et aux tomates (p. 209)

Haricots secs et autres légumineuses

Le haricot blanc, le flageolet, le haricot pinto, le haricot rouge, le pois chiche, le haricot noir, le haricot mungo et la lentille sont les légumineuses les plus connues. Ces viandes du pauvre, comme on les appelle encore parfois, sont les végétaux les plus riches en protéines. Le haricot adzuki est pour sa part largement utilisé dans la cuisine asiatique où on le sert avec du riz ou transformé en une pâte semblable à du concentré de tomate. Moulu, on l'utilise comme farine dans les gâteaux, les soupes et dans les substituts de lait. Tous les haricots contiennent des fibres en abondance qui protègent contre les maladies cardiovasculaires, et pourraient avoir un effet bénéfique dans la prévention de certains cancers.

Densité calorique : variable (basse à moyenne)

Ce sont les pois cassés et les lentilles qui présentent les plus basses densités, soit environ 120 calories par 100 g, cuits. Les haricots blancs, rouges, noirs et de Lima offrent entre 125 et 140 calories par 100 g une fois cuits. Les pois chiches ont une densité moyenne, soit un peu plus de 150 calories.

Dans la cuisine

Les haricots secs participent à une multitude de plats, on peut les servir en entrée comme trempettes, dans des salades de légumes ou de pâtes, en faire des pâtés, des ragoûts et des potages succulents. Avant de les cuire, il faut les réhydrater en les faisant tremper 4 à 6 heures ou toute la nuit. On les cuit dans l'eau bouillante après les avoir rincés. Leur temps de cuisson varie entre 1 et 2 heures, selon la variété et l'âge des haricots employés. Les lentilles, quant à elles, ne requièrent pas de trempage, il suffit de les rincer avant de les utiliser. Les lentilles rouges, plus fines que les autres, se prêtent bien à la préparation de potages, tandis que les vertes et les brunes entrent dans la composition de délicieuses salades.

Légumineuses – Tableau de cuisson		
Légumineuses	**Trempage**	**Temps de cuisson**
Haricots (rouges, blancs, noirs)	6 heures	90 min
Haricots de soja	6 heures	3 heures
Lentilles rouges	Aucun	30 min
Lentilles vertes	Aucun	50 min
Pois cassés	1 heure	50 min
Pois chiches	6 heures	3 heures
1 tasse de haricots secs donne 2 tasses de haricots cuits		

Recettes

- Cari de haricots blancs (p. 212)
- Potage à la patate douce et aux pois cassés (p. 188)
- Velouté citronné aux pois chiches (p. 200)
- Potage de chou-fleur et de lentilles (p. 192)
- Ragoût de légumes aux haricots noirs (p. 213)
- Salade de couscous et de lentilles (p. 222)
- Salade repas à la grecque (pois chiches) (p. 223)
- Sauce tomate aux lentilles (p. 220)
- Tarte au saumon sans croûte (pois chiches) (p. 235)
- Terrine de champignons et de pois chiches (p. 177)
- Trempette aux haricots blancs (p. 180)

Navet

Le navet contient peu de sels minéraux, un peu de potassium, du soufre, du calcium ainsi que de la vitamine C. Lui et son cousin le rutabaga, un gros navet à chair jaune, contiennent des composés anticancérigènes. Ce sont deux excellents légumes à conseiller à qui souhaite perdre du poids.

Densité calorique : très basse

Dans la cuisine

Le navet, tout comme le rutabaga, se cuisine de la même façon que la carotte, et donne un goût savoureux aux potages, purées et ragoûts. Cependant, si on veut apprécier toutes ses vertus, il vaut mieux le manger cru.

Recette

⚬ Velouté de légumes (p. 201)
⚬ Soupe à l'orge mondé (p. 197)

⚬ Ragoût de légumes aux haricots noirs (p. 213)

Oignon

Aliment vénéré depuis les temps anciens pour l'infinie variété de ses propriétés thérapeutiques que l'on croyait miraculeuses, l'oignon demeure encore aujourd'hui l'un des bulbes les plus réputés pour éloigner les maladies infectieuses et se garder en bonne santé. À l'instar de l'ail, c'est un puissant antibiotique naturel. Riche en vitamines et en sels minéraux, il contient en outre une forte concentration de composés sulfurés qui peuvent freiner le développement de cellules cancéreuses.

Densité calorique : très basse

Dans la cuisine

L'oignon, comme d'ailleurs tous les membres de sa famille, l'échalote, la ciboule, la ciboulette, l'ail et l'oignon vert, est un aliment qui donne toute sa saveur et ses vertus à une multitude de mets. L'oignon vert est un bulbe d'oignon jaune cueilli avant maturité tandis que l'échalote se distingue par sa saveur plus fine. Sans l'oignon et ses cousins, on a peine à imaginer ce que goûteraient les bouillons, potages, salades, marinades, vinaigrettes, pâtés à tartiner, purées, pains de viande, gratins, plats en sauce et ragoûts.

Recettes (au moins 2 oignons, 2 échalotes ou 3 oignons verts)

- ๑ Bouillon de légumes maison (oignons) (p. 132)
- ๑ Cailles marinées à l'étuvée (oignons verts) (p. 250)
- ๑ Potage aux légumes grillés (oignons) (p. 186)
- ๑ Salade de courgettes (échalotes) (p. 266)
- ๑ Salade de moules à l'orientale (oignons verts) (p. 168)
- ๑ Salade de pamplemousse et d'avocat (échalotes) (p. 164)
- ๑ Salade thaïlandaise (oignons verts) (p. 262)
- ๑ Soupe au poulet à la japonaise (oignons verts) (p. 196)
- ๑ Soupe épicée à la japonaise (oignons verts) (p. 198)

Panais

Cousine de la carotte et du persil, cette plante potagère à racine au goût légèrement sucré possède plus d'atouts que son aspect le laisse soupçonner. Peu calorique et très nutritif, riche en sels minéraux et en fibres insolubles, le panais est un aliment tout désigné pour les personnes souffrant d'embonpoint.

Densité calorique : très basse

Dans la cuisine

Cru ou cuit, le panais s'apprête comme la carotte, composant de croquants hors-d'œuvre, parfumant les potages, les purées et les ragoûts. Il vaut mieux le cuire avec sa pelure si on souhaite lui conserver toutes ses vertus; une fois cuit, le laisser refroidir, puis gratter la pelure.

Recettes

- ๑ Bouillon de légumes maison (p. 132)
- ๑ Muffins au panais (p. 156)
- ๑ Potage au panais et à la patate douce (p. 189)
- ๑ Purée de panais et de patate douce (p. 269)
- ๑ Ragoût de légumes aux haricots noirs (p. 213)
- ๑ Salade de légumes-racines (p. 167)
- ๑ Soupe à l'orge mondé (p. 197)

Patate douce

Légume tubercule vivace ayant peu à voir avec la pomme de terre ou l'igname, la patate douce est riche en vitamines A, B_6, C et E, en sels minéraux, et sa teneur en bêtacarotène est très élevée. Elle représente donc une protection efficace contre les maladies cardiovasculaires et différents types de cancer. Parce qu'elle est bourrative sans être trop calorique, elle constitue un aliment de choix pour les diabétiques ou les personnes qui doivent surveiller leur poids.

Densité calorique : moyenne

Dans la cuisine

Choisissez un légume orangé; comme pour tous les légumes renfermant du bêtacarotène, la teinte doit être d'une couleur vive et soutenue. Ferme et lisse, dépourvue de taches ou de meurtrissures, la patate douce craint le réfrigérateur mais peut se conserver un mois dans un endroit frais (entre 7 ° et 14 °C), à l'abri de la lumière.

Elle se cuisine comme la pomme de terre, se consomme bouillie, frite, en purée, en salade, dans les potages et les ragoûts. Comme elle est sucrée, elle entre aussi dans la composition de gâteaux et de desserts.

Recettes

⚉ Potage à la patate douce et aux pois cassés (p.188)
⚉ Potage au panais et à la patate douce (p. 189)

⚉ Purée de panais et de patate douce (p. 269)
⚉ Velouté de légumes (p. 201)

Poireau

À l'instar de ses cousins l'oignon et l'ail, le poireau est très riche en sels minéraux et possède plusieurs de leurs propriétés bénéfiques, plus une forte teneur en acide folique. Faible en sodium et peu calorique, il est recommandé aux diabétiques, aux personnes qui suivent un régime hyposodé ainsi qu'à celles qui souhaitent perdre du poids.

Densité calorique : très basse

Dans la cuisine

Choisissez un légume ferme aux feuilles bien vertes. Écartez les poireaux qui n'ont pas leurs racines, car ils ont tendance à s'abîmer facilement. Ils se conservent bien au réfrigérateur.

Cru, le poireau confère un goût délicat aux salades; cuit, il est délicieux dans les potages, les gratins, les quiches, les riz, et on le sert souvent en accompagnement.

Recettes

- Bouillon de légumes maison (p. 132)
- Gratin de millet à l'aubergine (p. 218)
- Lapin au citron (p. 247)

Poivron

Tout comme l'aubergine et la tomate, le poivron est considéré comme un fruit en botanique. Très riche en vitamine C et en bêtacarotène, il contient aussi, dans une moindre mesure, des sels minéraux et des vitamines du groupe B. Sachant que l'association de la vitamine C et du bêtacarotène contribue à prévenir les cataractes, les personnes âgées ont tout intérêt à intégrer le poivron à leur alimentation.

Densité calorique : très basse

Dans la cuisine

Cru, le poivron donne du croquant aux salades; cuit, il ajoute un petit quelque chose aux potages, au riz et aux ragoûts. On peut aussi le faire griller et confire.

Recettes

- Aubergine farcie au quinoa (p. 204)
- Potage aux légumes grillés (p. 186)
- Quiche sans croûte aux légumes (p. 208)
- Ratatouille (p. 136)
- Riz aux fruits de mer (p. 226)
- Salade aux légumes d'hiver (p. 264)
- Salade de moules à l'orientale (p. 168)
- Spaghettinis du pêcheur (p. 232)
- Taboulé à l'ananas (p. 178)
- Terrine de champignons et de pois chiches (p. 177)

Radis rose, radis noir, daïkon

Les plantes potagères à racines que sont les diverses variétés de radis, tout comme le brocoli et le chou, font partie de la famille des crucifères. Elles contiennent donc, à l'instar de leurs cousins, des composés qui peuvent protéger l'organisme contre certains cancers. Riche en cellulose, en vitamine C, en fer et en potassium, le radis est peu calorique et jouit de propriétés préventives croissantes en raison de sa composition en éléments sulfureux. Si le radis rose est parfois difficile à digérer, le radis noir est en revanche réputé pour faciliter la digestion et stimuler le fonctionnement de la vésicule biliaire. Le daïkon est un radis japonais dont il existe plusieurs variétés, qui se consomment crues ou cuites.

Densité calorique : très basse

Dans la cuisine

Les radis se consomment crus ou cuits, et on les ajoute avec bonheur à des potages, à des gratins et à des ragoûts.

Recettes

⑥ Salade de moules à l'orientale (daïkon) (p. 168)

⑥ Salade thaïlandaise (daïkon) (p. 262)

Soja

Fruit d'une plante originaire d'Asie, le soja est une légumineuse consommée depuis des millénaires par les Chinois, qui l'appelaient jadis «viande de la terre». Des études récentes menées en Occident ayant mis en évidence les innombrables vertus de cette fève miraculeuse, la plupart des pays du monde ont rapidement intégré à leur alimentation divers aliments à base de soja. On a en effet découvert que le tofu, le tempeh et les boissons de soja ont des pouvoirs thérapeutiques puissants, en plus d'être riches en sels minéraux, en vitamines et en calcium. Toutefois, certains spécialistes du cancer déconseillent le soja et ses dérivés aux femmes atteintes d'un cancer hormonodépendant comme le cancer du sein, alléguant que les isoflavones et les phytœstrogènes que cette légumineuse contient pourraient, paradoxalement, favoriser le développement des tumeurs. Ce sont les suppléments à base de soja qui seraient particulièrement visés.

Densité calorique : moyenne

À noter que le lait (ou boisson) de soja ne contient que 40 calories par 100 g, soit à peu près la même densité calorique que le lait de vache écrémé.

Dans la cuisine

Il existe nombre d'aliments à base de soja : substituts de viande prenant l'apparence de burgers et de saucisses fumées, farine de soja, boissons de soja aromatisées, tempeh, protéines de soja texturées à réhydrater, sauce tamari, miso (pâte de soja fermentée) et, sans doute le plus populaire parce qu'il se prête à toutes les préparations culinaires, le tofu, disponible en version crémeuse ou ferme.

On pourrait dire du tofu qu'il est un aliment caméléon en ce sens qu'il emprunte la saveur des aliments auxquels on l'ajoute, comme pour mieux faire oublier son absence de goût. Il est donc souvent préférable de le faire mariner avant de l'utiliser. Pour profiter de tous ses bienfaits, on recommande aussi de ne pas trop le cuire, donc de l'introduire en fin de cuisson. Il entre dans la composition des plats les plus variés qui vont des potages aux desserts.

Recettes

- Bouchées au chocolat (lait de soja) (p. 290)
- Brochettes de poulet à l'orientale (miso) (p. 252)
- Cari de haricots blancs (tofu) (voir Touche gourmande) (p. 212)
- Darnes de saumon à la japonaise (miso) (p. 236)
- Filets de tilapia grillés à l'orientale (miso) (p. 240)
- Flans aux pêches (lait de soja) (p. 295)
- Flans aux rapinis (lait de soja) (p. 182)
- Flocons d'avoine au cacao (lait de soja) (p. 162)
- Muffins au sarrasin et à la courgette (lait de soja) (p. 157)
- Omelette aux pommes (lait de soja) (p. 158)
- Petits-déjeuners à boire (lait de soja) (p. 152)
- Potage de chou-fleur et de lentilles (lait de soja) (p. 192)
- Quiche sans croûte aux légumes (lait de soja) (p. 208)
- Riz basmati aux flocons de coco(lait de soja) (p. 261)
- Soupe épicée à la japonaise (miso) (p. 198)
- Tarte au saumon sans croûte (lait de soja) (p. 235)

Recettes (suite)

- Flocons de quinoa aux pommes
  (lait de soja) (p. 154)
- Gratin de brocoli aux amandes
  (lait de soja) (p. 217)
- Moules gratinées (lait de soja) (p. 231)
- Muffins au panais (lait de soja) (p. 156)
- Tourte au fenouil et aux tomates
  (lait de soja) (p. 209)
- Trempette au miso (p. 181)
- Velouté de légumes (lait de soja) (p. 201)

Tomate

Que serait la cuisine méditerranéenne sans la tomate ? C'est pourtant un fruit (botaniquement parlant) d'origine américaine. La tomate est riche en vitamines A, B et C, et contient en abondance des sels minéraux et des oligoéléments. Elle contient du lycopène qui lui donne sa belle couleur rouge, une substance proche parente du bêtacarotène dont les effets se sont montrés très efficaces pour lutter contre le cancer. Contrairement à ce que l'on croit générale-ment, malgré son goût acide, la tomate est un alcalinisant que les arthritiques peuvent intégrer sans danger à leur menu.

Densité calorique : très basse

Dans la cuisine

Polyvalente à souhait, la tomate se sert de l'entrée au dessert et s'accommode à toutes les sauces. C'est un aliment essentiel en cuisine qui prête sa saveur à une variété de mets chauds ou froids.

Il vaut mieux peler les tomates fraîches lorsqu'on les fait cuire. Pour y parvenir facilement, incisez en croix la base d'une tomate et plongez-la dans de l'eau bouillante 1 minute environ, puis dans de l'eau glacée. Après quelques secondes, la peau devrait s'enlever rapidement. Pour l'épépiner, coupez la tomate en deux horizontalement et retirez-en les graines en la pressant doucement.

Recettes

Les fruits

Pour tous les aliments de cette section, j'indique la densité calorique selon une échelle de quatre valeurs :

très basse = *moins de 80 calories par 100 grammes*

basse = *de 80 à 150 calories par 100 grammes*

moyenne = *de 150 à 300 calories par 100 grammes*

haute = *plus de 300 calories par 100 grammes*

Grâce aux sucres qu'ils contiennent, les fruits sont généralement plus prisés que les légumes, donc plus faciles à intégrer à un régime alimentaire visant une meilleure santé. La plupart ont un faible indice calorique, et leur forte teneur en bêtacarotène les rend particulièrement précieux, tout comme leur taux élevé en vitamine C et leur richesse en fibres.

Faut-il les manger avant ou après les repas ?

Les fruits sont acides, et les glucides qu'ils contiennent stimulent et retardent la digestion. C'est pourquoi ils fermentent lorsqu'on les consomme à la fin d'un repas. Par conséquent, on conseille aux personnes qui ont des ballonnements et des gaz de les consommer plutôt au début des repas ou entre les repas.

Cependant, comme les fruits ne produisent jamais de molécules toxiques ou dangereuses pour la santé, toutes les personnes qui les tolèrent bien à la fin d'un repas n'ont aucune raison de changer leurs habitudes.

Dans la cuisine

Une majorité de cuisines traditionnelles ont intégré les fruits à leurs mets cuisinés. On les mélange avec bonheur aux légumes dans des salades, on les ajoute à des ragoûts de viande ou à des plats en sauce. Toutefois, c'est en les consommant nature, tout comme les légumes, qu'ils procurent les meilleurs bénéfices.

Quels fruits choisir

La couleur est le meilleur des guides, les plus bénéfiques étant les plus colorés : bleuets, prune, orange, raisins rouges, pamplemousse rose... Pourquoi ? Parce qu'ils contiennent en abondance des vitamines antioxydantes A et C. Selon les plus récentes recommandations nord-américaines concernant l'apport en antioxydants, il est plus sage d'adopter un régime riche en fruits et légumes que de prendre des suppléments de vitamines et minéraux.

Comment manger plus de fruits

Commencez dès le matin en remplaçant votre jus en conserve par un jus de fruits frais. Il n'est pas plus long de presser une orange, un pamplemousse, une ou deux mandarines ou clémentines que de préparer un jus congelé, et vous pourrez varier les parfums chaque jour. Dès que vous aurez goûté à ces jus frais maison, vous ne voudrez plus revenir à des jus prêts à boire et vous aurez fait le plein de vitamines. Pour vous épargner du temps, servez-vous d'un mélangeur et ajoutez à des fruits frais du lait de soja. Encore là, vous pourrez varier vos boissons santé à l'infini. Pour manger avec le pain grillé du petit-déjeuner, préparez-vous des compotes express en mélangeant des fruits frais à 1 c. à thé de miel ou de sirop d'érable.

Vous n'avez pas le temps de prendre un petit-déjeuner ? Saviez-vous qu'un kiwi contient plus de vitamine C qu'une orange ? Si vous êtes vraiment trop pressé, prenez des fruits comme collation, c'est un placement santé qui rapporte son lot d'intérêts. À vos salades de légumes, ajoutez quelques cubes d'ananas et des bouchées de melon ou de mangue. À vos ragoûts de viande ou de légumineuses, incorporez des fruits secs. Aux personnes qui croient ne pas avoir suffisamment de temps pour les apprêter, la plupart des épiceries offrent des fruits déjà pelés et tranchés. Après un repas riches en matières grasses, choisissez un fruit frais au lieu d'un gâteau.

Je ne saurais trop recommander d'agrémenter une assiette de légumes crus servie en entrée de plusieurs fruits, car, comme je l'ai mentionné précédemment, ils sont plus digestes quand on les consomme avant le repas ou en entrée.

Ananas

L'ananas contient de la vitamine C, du bêtacarotène, du potassium, du manganèse, un minéral aux propriétés encore méconnues, et renferme de la broméline, une enzyme pouvant décomposer les protéines, favoriser la digestion et soulager des douleurs arthritiques. L'ananas permet en outre de réduire les brûlures d'estomac qui résultent souvent de mauvaises habitudes alimentaires, comme manger trop vite et mastiquer trop peu.

Densité calorique : très basse

La densité calorique de l'ananas en conserve est plus élevée, mais elle reste à moins de 80 calories par 100 g.

Dans la cuisine

L'ananas étant un des rares fruits à cesser de mûrir quand il est cueilli, il faut choisir un fruit mûr, donc lourd, très parfumé à la base et dont les feuilles sont bien vertes. Évitez d'acheter un fruit décoloré à la pelure molle. Si les feuilles d'un ananas ne résistent pas lorsqu'on essaie de les détacher, c'est généralement parce qu'il a atteint sa pleine maturité. Quelques heures avant de le peler, placez-le à l'envers sur ses feuilles, ce qui permettra à son jus de se répartir entièrement dans le fruit. Une fois débarrassé de son écorce, l'ananas se conserve quelques jours au réfrigérateur.

Servi en tranches, consommé tel quel ou combiné à du yogourt, l'ananas constitue un dessert simple et rafraîchissant. Il compose des salades succulentes lorsqu'on l'associe à des légumes comme l'avocat, le melon ou l'épinard.

Recettes

Taboulé à l'ananas (p. 178)   Fleurs de tortilla au poulet (p. 278)

Avocat

La chair de l'avocat est fine et délectable, elle redonne jeunesse et beauté à la peau grâce à son apport en vitamine E, un antioxydant naturel qui agit contre la prolifération des radicaux libres. L'avocat contient aussi du folate, du potassium et une bonne quantité de fibres.

Densité calorique : moyenne

À un peu plus de 160 calories par 100 g, l'avocat est l'un des fruits les plus caloriques, plus que la banane. À consommer de temps en temps, donc, et sans ajout d'huile de préférence !

Dans la cuisine

L'avocat mûrit après qu'on l'a cueilli sur l'arbre et ne se conserve que quelques jours, à la température de la pièce. Dès qu'il est mûr, que sa chair cède sous la pression du doigt, il est prêt à consommer. Pour le conserver un peu plus longtemps, placez l'avocat mûr au réfrigérateur.

Sa saveur très fine en fait une entrée délectable. Il se consomme cru, le plus souvent, car il devient amer à la cuisson. On le sert en entrée, réduit en purée dans un potage froid ou pour une trempette, garni de saumon, de crabe ou de crevettes, ou encore découpé en cubes dans des salades et combiné à des fruits.

Recettes

๒ Petits-déjeuners à boire (p. 152)   ๒ Salade de pamplemousse et d'avocat (p. 164)

Citron

Fruit au goût tonique et à la vive couleur jaune, le citron doit d'abord sa réputation curative à sa forte concentration en vitamine C. Il contient également du carotène, des sels minéraux et des oligoéléments. Les recherches ont montré que, grâce à ses propriétés antioxydantes, il prévient la progression de cancers et retarde le vieillissement. Son jus et son écorce sont très prisés en cuisine, et il rend de multiples services d'entretien dans la maison.

Densité calorique : très basse

Dans la cuisine

Choisissez des fruits fermes et mûrs au grain fin, et, si possible, qui n'ont pas été traités. Conservez-les au frais, à l'abri de la lumière.

Qu'il soit cuit ou cru, le citron s'avère précieux, toutes ses parties étant comestibles. Il confère une saveur inégalée à tous les plats, sucrés ou salés. Lorsque vous préparez des vinaigrettes, essayez de remplacer le vinaigre par du jus de citron et râpez-en légèrement l'écorce. Pour tirer le maximum de vertus de ce fruit antioxydant, ajoutez-en des quartiers, y compris la peau blanche, aux jus de fruits ou de légumes que vous préparez au mélangeur.

Recettes

- Artichauts farcis (p. 172)
- Aubergine farcie au quinoa (p. 204)
- Filets de poisson, sauce au citron (p. 239)
- Fleurs de tortilla au poulet (p. 278)
- Lapin au citron (p. 247)
- Poitrines de poulet à la grecque (p. 254)
- Velouté citronné aux pois chiches (p. 200)
- Potage de poisson au fenouil (p. 190)
- Poulet farci à la marocaine (p. 256)
- Salade aux légumes d'hiver (p. 264)
- Salade de céleri-rave (p. 166)
- Salade de chou moyen-orientale (p. 270)
- Salade de courgettes (p. 266)
- Salade de couscous et de lentilles (p. 222)
- Salade de poulet aux pommes (p. 281)
- Salade repas à la grecque (p. 223)
- Sandwiches roulés au saumon et au chou (p. 276)
- Tarte au saumon sans croûte (p. 235)
- Trempette au miso (p. 181)
- Trempette aux haricots blancs (p. 180)

Fraise

Riche en vitamines et en sels minéraux, ce petit fruit délicieux est permis aux diabétiques puisque le sucre qu'il contient, le lévulose, n'a pas d'effets défavorables sur eux. C'est, avec le melon et la framboise, l'un des trois meilleurs fruits minceur. Et, avec le kiwi, la fraise est codétentrice du titre du fruit le plus riche en vitamine C.

Densité calorique : très basse

Dans la cuisine

Évitez les fruits ayant des parties blanches, ils ne mûriront plus. Les fraises se consomment tôt après la cueillette, mais on peut les conserver avec un peu de sucre quelques jours au réfrigérateur. Pour les congeler, les étendre sur une plaque au congélateur jusqu'à ce qu'elles soient fermes avant de les entreposer dans un contenant hermétique.

Servies à la fin d'un repas, elles sont à leur meilleur nature, et font de savoureuses compotes, des garnitures de tartes et de gâteaux. Incorporées à des salades de légumes, elles font une entrée rafraîchissante, audacieuse et franchement succulente.

Recettes

⚘ Flocons de quinoa aux pommes (p. 154)   ⚘ Salade d'épinards aux fruits
(voir Touche gourmande) (p. 282)

Kiwi

Sa pelure brune, non comestible et garnie d'un fin duvet, si elle ne laisse rien deviner de la beauté du kiwi lorsqu'il est tranché, cache un fruit au goût légèrement acidulé et gorgé de vitamine C; à poids égal, il en contient davantage que tous les agrumes. Faible en gras et en sodium, le kiwi est bien pourvu en potassium, ce qui en fait un aliment ressource pour les personnes souffrant d'hypertension. Parmi tous les fruits, il est celui qui présente la plus forte densité d'éléments nutritifs.

Densité calorique : très basse

Dans la cuisine

Le kiwi se consomme nature, et sa belle couleur émeraude se révèle très décorative dans les salades de fruits, et les garnitures de tarte et de gâteau. Il accompagne aussi avec bonheur les poissons et les viandes grillés.

Recettes

⚘ Compote de poires et de kiwis (p. 160)   ⚘ Petits-déjeuners à boire (p. 152)
⚘ Coupe de fruits aux amandes (p. 150)   ⚘ Salade d'épinards aux fruits (p. 282)
⚘ Flocons de quinoa aux pommes   ⚘ Salade de crevettes à la papaye (p. 230)
(voir Variante) (p. 154)

Melon

En plus d'être un fruit succulent, le melon est rempli de substances bénéfiques. Parmi les nombreuses variétés de melon, les plus connues et les plus populaires sont le cantaloup et le melon brodé. Ce sont aussi celles qui possèdent le plus de qualités sur le plan nutritif en raison de leur forte teneur en vitamine C, en bêtacarotène, en sels minéraux et en folates.

Densité calorique : très basse

Dans la cuisine

Choisissez un melon lourd et dépourvu de taches ou de meurtrissures. Comme le melon ne mûrit plus après la récolte, il faut s'assurer de sa maturité : il devrait présenter une légère dépression là où devait se trouver sa tige. Un melon mûr dégage une bonne odeur quand on le sent, mais cette odeur est très prononcée lorsqu'il est trop mûr et sur le point de fermenter. Évitez les melons qui ne dégagent pas de parfum et ceux qui ont une odeur très forte. Et consommez-le rapidement, il ne se conserve pas longtemps.

Les Italiens ont bien raison de servir le melon en entrée, c'est ainsi qu'il procure ses meilleurs bénéfices. Ajoutez-le à vos salades, sa couleur et sa saveur les rendront irrésistibles.

Recettes

◔ Fleurs de tortilla au poulet (p. 278) ◔ Salade de pamplemousse et d'avocat (p. 164)

Orange

L'orange constitue une généreuse source naturelle de vitamine C, laquelle possède nombre de vertus protectrices comme celles de lutter contre les agressions bactériennes et virales. Mais en plus de combattre le rhume et la grippe, l'orange, grâce à d'autres substances complexes qu'elle contient, serait également très efficace pour enrayer les maladies cardiovasculaires et inhiber certains types de cancer.

Densité calorique : très basse

Dans la cuisine

Les oranges que l'on trouve le plus couramment en Amérique du Nord proviennent de Floride et de Californie. Elles se conservent plus d'une semaine à la température de la pièce et davantage au réfrigérateur.

L'orange est un autre fruit qui se sert aussi bien en entrée qu'au dessert. On la coupe en tranches fines ou on la détaille en quartiers dans les salades de laitue, on l'ajoute aux tartes, aux crèmes, aux sorbets et aux gâteaux. Son jus parfume aussi très agréablement les plats sautés ou mijotés, composés de viandes ou de poissons, les grillades, le riz et le couscous, les vinaigrettes et les marinades, tout comme son écorce râpée, le zeste, qui se prête à autant d'usages gourmands.

Recettes

- Brochettes de poulet à l'orientale (p. 252)
- Carottes méditerranéennes (p. 265)
- Cuisses de canard en chemise (p. 246)
- Gâteau à l'orange (p. 286)
- Mousse de framboises à l'orange (p. 292)
- Poulet entier à l'orientale (p. 255)
- Riz aux crevettes et aux calmars à l'orientale (p. 227)

Pamplemousse

Ce beau fruit juteux est le fidèle allié des personnes vigoureuses et en bonne santé. À l'instar des autres agrumes, le pamplemousse est riche en vitamines A, C et en sels minéraux, mais il contient aussi des substances qui lui sont propres et qui contribuent à diminuer les risques de maladies cardiovasculaires et les cancers. Des recherches ont révélé que la pectine que renferme le pamplemousse annule les effets néfastes d'une alimentation trop riche en gras.

Densité calorique : très basse

Dans la cuisine

Choisissez un fruit lourd et ferme. Comme le pamplemousse rose contient davantage de lycopène, un antioxydant puissant capable de neutraliser les radicaux libres, vous ferez un meilleur choix en allant du côté des variétés les plus roses et les plus colorées, soit le Ruby Red, le Ruby et le Star Ruby.

Le pamplemousse accompagne bien les salades et les viandes, et, combiné à d'autres fruits, il compose d'excellents desserts.

Recette

◎ Salade de pamplemousse et d'avocat (p. 164)

Papaye

La chair juteuse et sucrée du fruit du papayer, qui s'apparente au melon et à la pastèque, est particulièrement riche en bêtacarotène, en vitamines B et C, et en sels minéraux. Cependant, c'est pour ses propriétés digestives qu'on l'apprécie le plus, particulièrement en pharmacie où la substance qu'elle renferme, la papaïne, est abondamment utilisée pour fabriquer des pommades ou élaborer des médicaments facilitant la digestion.

Densité calorique : très basse

Dans la cuisine

La papaye est mûre quand elle cède sous une légère pression du doigt. Pour accélérer le processus, il faut la laisser à la température ambiante et l'envelopper dans un sac en papier.

Elle se mange crue comme le melon, mais quand elle est encore verte, on peut la faire bouillir ou la cuire dans du jus de fruits et la servir en compote.

Recette

◎ Salade de crevettes à la papaye (p. 230)

Pêche

Le fruit juteux et parfumé du pêcher est riche en bêtacarotène et en sels minéraux. Tendre et très peu calorique, il renferme une bonne quantité de fibres et se digère facilement.

Densité calorique : très basse

Dans la cuisine

Choisissez une pêche parfumée et pas trop dure, dépourvue de meurtrissures et de taches. Après la cueillette, la pêche continue de mûrir et de développer ses arômes. Pour accélérer le processus de mûrissement, déposez-la dans un sac en papier qui contient déjà un fruit mûr.

La pêche est savoureuse nature, mais on peut aussi la cuire, en faire des compotes, l'ajouter à des croustades ou à des gâteaux. Pour la peler aisément, plongez-la environ 30 secondes dans l'eau bouillante avant de la passer rapidement à l'eau froide.

Recette

⚬ Flans aux pêches (p. 295)

Pomme

Succulente à croquer, extrêmement bénéfique pour la santé, la pomme possède une réputation qui n'est pas près d'être démentie. En plus d'être riche en vitamines et en sels minéraux, elle contient une substance complexe, la quercétine, un antioxydant capable d'inhiber la croissance de tumeurs cancéreuses. Elle contient aussi des fibres insolubles et solubles dont une, la pectine, parvient à abaisser le taux de cholestérol dans le sang.

Densité calorique : très basse

Dans la cuisine

Parmi les différentes variétés offertes sur le marché, mentionnons pour les pommes à croquer la melba, la gala, la mcIntosh, les délicieuses rouges et jaunes et la russett. La cortland, la spartan, l'empire, l'idared et la rome beauty sont aussi bonnes cuites que crues. Les pommes sont généralement cueillies avant leur maturité, mais elles se conservent plusieurs semaines au réfrigérateur

Puisqu'il est préférable de les manger crues, elles ne perdront rien de leur propriétés si on les ajoute à des salades de laitue et de légumes ou de fruits. Cuites, elles entrent dans la composition de caris et de ragoûts. Naturellement, on tirera toujours profit de leur goût en les utilisant pour la confection de compotes, de tartes, de flans, de croustades et de nombre de desserts gourmands.

Recettes

- Compote de fruits à la betterave (p. 161)
- Coupe de fruits aux amandes (p. 150)
- Flocons de quinoa aux pommes (p. 154)
- Omelette aux pommes (p. 158)
- Petits-déjeuners à boire (p. 152)
- Salade croquante aux pommes (p. 171)
- Salade de poulet aux pommes (p. 281)

Prune et pruneau

Peu calorique, le fruit du prunier est riche en potassium et en provitamine A (bêtacarotène), et il contient de l'acide oxalique qui lui confère ses propriétés laxatives. La prune contient en outre un antioxydant capable de protéger les cellules contre les effets dévastateurs des radicaux libres et peut atténuer certains effets du vieillissement. Le pruneau s'obtient par dessiccation ou déshydratation, procédés qui lui confèrent, outre du fer, des vitamines du complexe B et des fibres.

Densité calorique : variable

La prune est très peu calorique (environ 50 calories par 100 g), mais le pruneau l'est beaucoup plus, tombant dans la catégorie moyenne, soit 240 calories par 100 g. Il est donc sage de consommer peu de pruneaux à la fois, tels quels ou dans des plats cuisinés.

Dans la cuisine

Choisissez des prunes un peu fermes montrant une peau lisse et brillante, et conservez-les au réfrigérateur. Les pruneaux se conservent comme les autres fruits séchés, dans un endroit sec à l'abri de la lumière.

On mange les prunes nature, on les ajoute aux salades de fruits, on en fait des compotes et des confitures. On ajoute les pruneaux au riz, aux ragoûts de viande, aux desserts, aux croustillants et aux carrés, aux compotes de fruits secs.

Recette

🌀 Ragoût de légumes aux haricots noirs (pruneaux) (p. 213)

Les céréales

La densité calorique de chaque céréale varie, suivant le traitement préparatoire (grains, flocons, farine, semoule, etc.) et le mode d'apprêt. À l'exception du riz, où elle est plutôt basse, elle se tient dans des valeurs moyennes à hautes, mais nous ne saurions nous en passer. Outre qu'elles fournissent d'importantes quantités de glucides, source première d'énergie, les céréales sont riches en fibres, qui facilitent la digestion et le transit intestinal, et nous procurent de précieuses protéines. Les céréales complètes, dont le grain a été conservé intégralement avec son germe et son enveloppe, sont les plus nutritives.

Il y a très souvent beaucoup d'eau dans les plats à base de céréales que nous consommons, et comme il y a aussi quantité de fibres, nous arrivons vite à satiété, ce qui permet de réduire les portions (donc, les calories) et de consommer moins d'autres aliments, surtout des aliments gras.

Selon le régime Okinawa, il faudrait manger quotidiennement de 7 à 13 portions de céréales. À première vue, cela paraît beaucoup. Mais lorsqu'on inclut dans ce nombre les céréales du petit-déjeuner, le pain que l'on consomme aux repas, ainsi que les plats de riz ou de pâtes, il n'est pas difficile d'atteindre cet objectif. Et encore moins si on prend l'habitude d'ajouter du millet, de l'avoine, de l'orge et du quinoa dans les soupes, les potages, les salades, ou que l'on sert ces céréales moins connues en accompagnement de plats de résistance. Encore ici, la variété est de mise en matière de santé, chaque céréale apportant ses propres avantages nutritifs. Voici les plus intéressantes.

Avoine

C'est sa forte concentration en fibres, plus particulièrement la présence d'une fibre gélatineuse, la matière qui colle à la casserole de gruau du matin, qui est à la source de ses bienfaits. Contrairement à d'autres céréales, après qu'on l'a traitée, l'avoine conserve le son et le germe dans lesquels se retrouvent la majeure partie de ses éléments nutritifs. La grande quantité de fibres solubles que contient l'avoine permet de réduire les risques de maladies cardiaques. Céréale réputée pour stabiliser le taux de sucre dans le sang, elle est recommandée aux diabétiques. Très favorable aux personnes qui désirent perdre du poids, elle leur permet d'atteindre la satiété rapidement.

Dans la cuisine

L'avoine se présente sous différentes formes dont les plus courantes sont le son et les flocons (gruau). Ceux-ci composent des petits-déjeuners nourrissants, mais on les ajoute également avec bonheur à des soupes, à des ragoûts, à des muffins, à des gâteaux et à des croustades.

Recettes

Blé

Le blé est un aliment de base universel qui se retrouve dans toutes sortes de préparations : pains et autres pâtisseries, mais aussi boulgour, couscous (semoule), tortillas et l'infinie variété des pâtes alimentaires. Le boulgour est tout simplement du blé dur concassé, tandis que la semoule est une farine granulée. Le germe de blé contient l'essence de la plante entière; c'est son centre vital où se concentrent ses vitamines et ses minéraux. C'est une importante source d'acide folique, de zinc, de magnésium, de niacine, de phosphore, de fer, de magnésium et de cuivre, et il contient une quantité extraordinaire de vitamine E. Très riche en fibres, le blé entier favorise un transit intestinal régulier et réduit la constipation.

Dans la cuisine

Les usages du blé sont multiples, d'autant plus qu'il est à l'origine d'une grande variété de farines : intégrale, de blé entier moulue sur pierre, tamisée, blanche, blanche enrichie, tout usage, à gâteaux, à pain, de kamut, d'épeautre, etc. Les recettes qu'on peut faire avec du pain, des pâtes, du couscous, du pain pita ou des tortillas sont innombrables. Le blé se consomme aussi en flocons (les céréales du petit-déjeuner), en son (enveloppe du grain de blé), en crème (la crème de blé), et en germe.

Recettes

- Burritos au poulet (tortillas) (p. 280)
- Croustade de légumes au boulgour (p. 206)
- Fleurs de tortilla au poulet (p. 278)
- Gâteau léger au chocolat (farine de blé entier) (p. 287)
- Gratin de brocoli aux amandes (boulgour) (p. 217)
- Mélange de céréales au sirop d'érable (germe de blé) (p. 153)
- Muffins au panais (farine de blé entier) (p. 156)
- Pizza sauce à l'aubergine (tortillas) (p. 274)
- Poulet farci à la marocaine (couscous) (p. 256)
- Salade de couscous et de lentilles (p. 222)
- Salade repas à la grecque (boulgour) (p. 223)
- Sandwiches roulés au saumon et au chou (tortillas) (p. 276)
- Spaghettinis du pêcheur (p. 232)
- Taboulé à l'ananas (couscous) (p. 178)
- Tourte au fenouil et aux tomates (farine de blé entier) (p. 209)

Millet

Céréale particulièrement équilibrée en acides aminés, le millet est riche en phosphore, en fer, en potassium, en manganèse et en niacine. Facile à digérer, il ne provoque que peu d'allergies. La forte concentration en silice du millet aurait un effet positif sur le niveau de cholestérol et sur l'ossature. Le millet est la céréale qui contient le moins de fibres.

Dans la cuisine

Le produit le plus courant, vendu surtout dans les magasins d'aliments naturels, est le millet perlé, décortiqué, qui s'ajoute aux soupes avec bonheur. Il entre dans la préparation de ragoûts et de délicieux desserts. Le millet se cuit comme le riz (1 tasse de millet pour 2 tasses d'eau) et le remplace avantageusement comme accompagnement puisqu'il contient presque deux fois plus de protéines pour une même quantité de calories.

Faites d'heureuses diversions à vos menus, remplacez vos plats de riz par du millet de temps en temps.

Recettes

⚬ Gratin de millet à l'aubergine (p. 218)   ⚬ Potage au millet (p. 184)

Orge

Jadis utilisée comme fortifiant, d'un goût plus robuste que le riz ou l'avoine, l'orge se présente sous plusieurs formes et renferme bon nombre de nutriments bénéfiques. Dans les régions du monde qui l'utilisent depuis longtemps comme denrée de base, notamment le Moyen-Orient et certains pays d'Asie, on a observé un taux très faible de maladies cardiaques. L'acide phytique, que l'on retrouve surtout dans l'enveloppe externe du grain d'orge et dans le germe, a la réputation de protéger contre le cancer du côlon et les maladies cardiovasculaires.

Dans la cuisine

Le goût prononcé de l'orge se marie harmonieusement avec les ragoûts et les potages d'hiver. On préférera l'orge mondé, qui n'a pas été traité, à l'orge perlé dont le polissage réduit les propriétés nutritionnelles. L'orge mondé se cuit en 90 minutes dans trois fois son volume d'eau.

Ajoutez de l'orge cuite à vos ragoûts de viande et de légumes, ils n'en seront que plus nutritifs.

Recettes

⚘ Croustade d'orge aux légumes (p. 205)   ⚘ Soupe à l'orge mondé (p. 197)

Quinoa

Le quinoa n'est pas une céréale au sens botanique du terme, c'est une plante herbacée dont on récolte les graines très nutritives. Celles-ci ont une forte teneur en protéines et contiennent tous les acides aminés essentiels à un bon fonctionnement de l'organisme, en particulier les acides aminés soufrés, lesquels sont rares dans les protéines végétales. Le quinoa est également une bonne source de fer, de magnésium, de phosphore, de potassium, et il contient presque toutes les vitamines du groupe B. Faible en sodium, il ne contient pas de gluten. Le quinoa, parce qu'il est riche en fibres, favorise le transit intestinal.

Dans la cuisine

La saveur délicate et légère du quinoa en fait un savoureux substitut du riz, du boulgour ou de la semoule de blé dans les taboulés ou les pilafs. On le cuit dans deux fois son volume d'eau pendant une quinzaine de minutes, jusqu'à ce que la graine devienne translucide et se tourne vers l'extérieur. Une tasse (250 ml) de quinoa dans un liquide chaud (eau, bouillon ou jus de légumes) donne 3 tasses (750 ml) de quinoa cuit.

Le quinoa est excellent dans les farces, les ragoûts et les potages, et il fait un accompagnement au goût inusité.

Recettes

Riz

Le riz est un aliment que les Okinawans, comme tous les Asiatiques, consomment en abondance. Il est riche en magnésium et en fibres alimentaires, et contient du sélénium et du manganèse. Grâce à sa teneur en amidon, il convient aux personnes actives à qui il sert de carburant. Le riz brun est un peu plus calorique que le riz blanc, mais la densité calorique des deux est basse.

Il semble que l'amidon du riz blanc ait la propriété de réduire les pertes d'eau de l'organisme. C'est la raison pour laquelle on utilise fréquemment l'eau de riz blanc pour réhydrater les personnes qui en ont besoin. Celles qui ont l'intestin fragile consommeront le riz blanc avec profit, tandis que celles qui n'ont pas ce type de problème auront avantage à consommer du riz brun ou du riz basmati.

Attention ! Le riz blanc instantané a un index glycémique élevé (avis aux diabétiques). Pour leur part, les galettes de riz sont peu caloriques, mais comme d'autres aliments de grignotage, elles ont un petit goût de revenez-y, surtout si elles sont au fromage, au caramel ou à la pomme ! Et parce que leur index glycémique est plus élevé que celui du pain blanc, elles ne modèrent pas l'appétit.

Dans la cuisine

Le riz rend de grands services en cuisine, plus particulièrement en Orient où on le considère comme un ingrédient indispensable à tout bon repas. Partout ailleurs, on l'utilise abondamment et on s'en sert d'une multitude de manières qui vont de l'entrée au dessert.

Recettes

Sarrasin

Fruit d'une plante annuelle qui s'apparente à la rhubarbe et à l'oseille, le sarrasin est un aliment complet fortement recommandé aux personnes intolérantes au gluten, atteintes de la maladie cœliaque ou souffrant de problèmes digestifs. Parce qu'il entraîne un degré de satiété plus rapide, il est un aliment de choix pour les personnes qui désirent perdre un surplus de poids.

Dans la cuisine

Les grains de sarrasin se cuisent comme le riz dans le double de leur volume d'eau en une vingtaine de minutes. On y ajoute avec bonheur de l'échalote, des champignons, des noix et du fromage. La farine de sarrasin, ajoutée à de la farine de blé, entre dans la composition de délicieux desserts ou gâteries, pains, poudings, gâteaux ou muffins.

Recettes

- Carrés aux céréales et aux pépites de chocolat (flocons) (p. 291)
- Muffins au sarrasin et à la courgette (farine) (p. 157)
- Omelette aux pommes (farine) (p. 158)
- Potage aux flocons de sarrasin (p. 185)

Seigle

Le seigle est une bonne source de vitamine E, de vitamines du groupe B et de sels minéraux, et renferme de la rutine, une substance qui facilite la circulation sanguine. Il lutterait aussi contre les maladies cardiovasculaires, le diabète de type 2 et le cancer. Sa consommation améliorerait également la santé intestinale.

Dans la cuisine

Les flocons de seigle se cuisent comme les flocons d'avoine, et la farine, comme celle qui provient du sarrasin, entre dans la préparation de pains et de pâtisseries.

Les tranches de pain de seigle grillées sont délicieuses au petit-déjeuner. Lorsque vous faites des burgers, qu'ils soient à la viande ou végétariens, remplacez les pains blancs vendus à cet effet par des tranches de pain de seigle et passez-les au grille-sandwich.

Recette

⚭ Gâteau à l'orange (farine) (p. 286)

Sésame

Cette plante qui renferme du calcium est une source élevée de fibres solubles et insolubles qui ont toutes deux des effets très bénéfiques sur la santé. La graine de sésame renferme de la sésamine, un antioxydant qui pourrait aussi avoir la propriété de réduire la tension artérielle.

Dans la cuisine

Deux variétés de graines de sésame sont offertes sur le marché, les blanches qui ont été décortiquées, et les noires et beiges, entières, préférables sur le plan nutritionnel. À partir des graines, on produit une huile qu'on ajoutera en petite quantité à des vinaigrettes et à des légumes crus ou cuits, et une pâte, le tahini, qui entre dans la préparation de l'hoummos et de bon nombre de plats du Moyen-Orient.

Mélangez des graines de sésame à vos céréales du matin, ajoutez-en à vos soupes, à vos salades, à vos légumes cuits, à vos pâtes, servez-vous-en comme d'une chapelure avant de faire dorer des filets de poisson, ajoutez-en à vos gâteaux, pains ou muffins.

Recettes

⚭ Darnes de saumon à la japonaise (graines) (p. 236)
⚭ Escalopes de poulet au sésame (graines) (p. 258)
⚭ Mélange de céréales au sirop d'érable (graines) (p. 153)
⚭ Nouilles thaïes aux crevettes (graines) (p. 228)
⚭ Salade aux légumes d'hiver (graines) (p. 264)
⚭ Salade d'épinards aux fruits (graines) (p. 282)
⚭ Salade de céleri-rave (tahini) (p. 166)
⚭ Salade de moules à l'orientale (graines et huile) (p. 168)

Les poissons et les fruits de mer

Pour tous les aliments de cette section, j'indique la densité calorique selon une échelle de quatre valeurs :

très basse = *moins de 80 calories par 100 grammes*

basse = *de 80 à 150 calories par 100 grammes*

moyenne = *de 150 à 300 calories par 100 grammes*

haute = *plus de 300 calories par 100 grammes*

Les poissons et les fruits de mer constituent une excellente source de protéines dans les régimes crétois et okinawans. Crus ou cuits, ils présentent une densité calorique qui varie généralement de basse à moyenne. Les poissons à chair blanche (morue, plie, tilapia par exemple) offrent moins de 150 calories par 100 grammes, tandis que les poissons dits gras (flétan, hareng, maquereau, sardine, saumon, thon rouge), excellents pour la santé en raison des acides gras oméga-3 qu'ils renferment, se situent dans les 200-300 calories par 100 grammes. Les avantages importants qu'ils ont pour la santé justifient amplement leur emploi en cuisine. Certains fruits de mer sont moins caloriques que les poissons, comme le pétoncle, le calmar et la crevette, mais d'autres ont des valeurs plus élevées, tout de même très acceptables, comme la moule, la palourde et l'huître.

Comment manger plus de poisson

Si vous boudez le poisson à cause de son goût, commencez par des poissons moins goûteux auxquels vous ajouterez des tomates, des champignons, de l'ail et du persil. Les poissons cuisent en peu de temps et composent des plats délicieux et des soupes-repas nutritives. Si vous n'en mangez jamais, c'est sans doute parce que vous ne les connaissez pas : essayez la truite et le saumon, dont les chairs délectables s'apprêtent d'une multitude de manières, vous ne tarderez pas à les adopter. Au début, mettez au menu un poisson de votre choix au moins un jour par semaine, puis passez à deux par semaine.

Autre atout incomparable pour les gens qui n'aiment pas beaucoup cuisiner mais qui se préoccupent de leur santé, plusieurs poissons gras sont offerts en conserve, ce qui ne leur enlève pas leurs vertus curatives. C'est le cas de la sardine, du maquereau et, dans une moindre mesure, du thon, qui sont tous de merveilleux dépanneurs. Faites-en des tartinades que vous dégusterez en entrée avec des légumes crus ou des craquelins.

Parce que le poisson remplace avantageusement la viande dans un régime alimentaire équilibré, on recommande d'en consommer deux ou trois fois par semaine.

Pour choisir un poisson frais, référez-vous aux critères suivants : une fraîche odeur de marée, un œil vif, bombé et brillant, une robe lustrée et de rares écailles luisantes, aucune trace de sang autour des ouïes, aucune meurtrissure sur la peau.

Crevette

La crevette est riche en protéines et peu calorique, elle contient en outre de précieux acides gras oméga-3, du sélénium, un excellent antioxydant, et de la vitamine B_{12}, qui contribue à la régénération des cellules. On a longtemps cru qu'elle faisait augmenter le taux de cholestérol, mais elle renferme moins d'acides gras saturés que le tofu, lesquels sont souvent responsables de l'hypercholestérolémie. Les crevettes congelées, en conserve ou précuites contiennent beaucoup de sodium; les hypertendus préféreront se procurer des crevettes fraîches, non cuites.

Densité calorique : basse

Dans la cuisine

Choisir de préférence des crevettes non cuites et non décortiquées; les crevettes congelées précuites sont souvent gorgées d'eau et restent molles. Retirez la veine noire s'il y a lieu. Les crevettes s'apprêtent de multiples façons : grillées (si elles sont de bonne taille) après avoir été marinées, sautées, bouillies (pas trop longtemps, le temps qu'elles deviennent roses). On peut les servir en salade (surtout les variétés plus petites), en cocktail, en brochette ou dans des plats de fruits de mer.

Recettes

- Nouilles thaïes aux crevettes (p. 228)
- Riz aux crevettes et aux calmars à l'orientale (p. 227)
- Riz aux fruits de mer (p. 226)
- Salade de crevettes à la papaye (p. 230)

Flétan

Ce poisson gras, que l'on appelle fréquemment « turbot » au Québec en raison de son nom anglais, n'a pas grand-chose à voir avec le véritable turbot, l'un des meilleurs poissons de mer qui soit. Cependant, le flétan possède une chair blanche et fine appréciée des gourmets.

Densité calorique : moyenne

Dans la cuisine

On apprête le flétan de préférence en papillote ou poché dans un court-bouillon. Il convient bien aux soupes de poisson.

Recettes

- Filets de poisson tandoori (p. 238)
- Filets de poisson, sauce au citron et à la coriandre (p. 239)
- Flétan poché aux tomates cerises (p. 242)
- Spaghettinis du pêcheur (p. 232)

Hareng

Surtout pêché au nord du Labrador et dans l'ouest du Groenland, le hareng que l'on consomme est principalement salé, fumé ou boucané, mais il se sert aussi frais en saison. La forte teneur en sel du hareng mariné ou fumé en fait un aliment déconseillé aux personnes qui doivent limiter leur apport en sodium. Notez que la plupart des sardines mises en conserve au Canada sont en réalité des petits harengs.

Densité calorique : moyenne

Dans la cuisine

Le hareng frais peut être poché dans un court-bouillon, cuit au four farci de croûtons ou cuit en papillote, avec des dés de tomates et des olives émincées.

Recette

ᷱ Canapés de poisson à l'indienne (p. 174)

Morue

La morue est l'un des poissons qui contient le moins de matières grasses. Comme elle est par ailleurs riche en protéines, qu'elle renferme des acides gras oméga-3 très bons pour la santé et plusieurs autres excellents nutriments (sélénium, iode, phosphore, vitamines B_3, B_6, et B_{12}, c'est un bon choix dans un régime favorisant la longévité.

Densité calorique : basse

Dans la cuisine

On achète la morue généralement en filets, frais ou surgelés. On fait pocher ces derniers, ou on les poêle dans un peu de gras (huile végétale). La morue est également excellente dans les soupes de poisson relevées.

Recettes

ᷱ Filets de poisson tandoori (p. 238)

ᷱ Filets de poisson, sauce au citron et à la coriandre (p. 239)

ᷱ Potage de poisson au fenouil (p. 190)

Moule

Même si elle est un peu plus calorique que les autres fruits de mer (172 calories par 100 g pour la moule bleue), la moule contient en quantités appréciables des nutriments bons pour la santé. Mentionnons surtout des acides gras oméga-3, du phosphore, du fer, du zinc, du sélénium, ainsi que des vitamines B_1, B_2 et B_{12}.

Densité calorique : moyenne

Dans la cuisine

Au moment de choisir des moules fraîches, il faut vérifier la date de péremption sur l'emballage; se méfier des moules emballées depuis plusieurs semaines. Par temps chaud, il y a plus de risque que les moules se contaminent. Si l'emballage sent mauvais, ne le prenez pas. Bien laver et ébarber les moules avant de les cuire; jeter celles qui sont brisées ou qui restent ouvertes même sous l'eau froide.

On fait ouvrir les moules à la vapeur ou dans un liquide bouillant (un fond d'eau ou de vin blanc, par exemple). Il suffit de quelques minutes. Jeter celles qui ne se sont pas ouvertes. Les moules peuvent être consommées telles quelles, farcies et gratinées, ou entrer dans la composition de divers plats de fruits de mer. S'il en reste, sortez-les de leur coquille, gardez-les au frigo dans leur liquide de cuisson et ajoutez-les à une soupe ou à un bouillon.

Recettes

⚬ Moules gratinées (p. 231)
⚬ Riz aux fruits de mer (p. 226)

⚬ Salade de moules à l'orientale (p. 168)

Pétoncle

Le pétoncle contient des acides gras oméga-3, qui favorisent notamment le bon fonctionnement des systèmes immunitaire, circulatoire et hormonal. Parmi les bons nutriments qu'il renferme, citons le phosphore, le sélénium, la vitamine B_{12} et le magnésium.

Densité calorique : basse

Dans la cuisine

Les variétés les plus grosses sont ordinairement les plus savoureuses. On peut manger les pétoncles crus, en tartare. Grillés, en brochette, ils sont délicieux. Ils s'ajoutent bien à divers plats de fruits de mer, mais la cuisson doit être brève pour préserver leur tendreté.

Recettes

⑥ Cari de pétoncles et de tilapia (p. 241)   ⑥ Riz aux fruits de mer (p. 226)

Plie (sole)

Le poisson qu'on appelle communément « sole » est le plus souvent de la « plie », une espèce voisine qu'on pêche dans les eaux canadiennes. Les deux poissons ont à peu près la même valeur nutritive, bourrés de vitamines et de minéraux, bons fournisseurs de protéines et d'acides gras oméga-3. Ce sont aussi des poissons maigres peu caloriques qu'on peut incorporer régulièrement aux menus.

Densité calorique : basse

Dans la cuisine

On cuisine la plie le plus souvent en filet, poché ou poêlé. On peut la faire pocher dans un bouillon, auquel on ajoute quelques herbes et condiments, et un peu de couscous; en quelques minutes, on obtient une soupe de poisson goûteuse et nourrissante.

Recettes

⑥ Filets de poisson tandoori (p. 238)
⑥ Filets de poisson, sauce au citron (p. 239)

⑥ Potage de poisson au fenouil (p. 190)

Sardine

On a intérêt à intégrer la sardine à un régime alimentaire équilibré même si la plupart de celles que nous consommons sont importées. Les apprêter ne requiert que peu d'efforts puisqu'elles sont presque aussi bonnes pour la santé lorsqu'on les consomme en conserve.

Densité calorique : moyenne

Dans la cuisine

Les sardines en conserve peuvent être servies telles quelles, sur canapés, ou encore entrer dans la composition de sauces. Par contre, les sardines fraîches, beaucoup plus riches en oméga-3 que leurs consœurs en conserve, y gagneront à être grillées. On peut aussi les ajouter à un bon bouillon de poisson pour en faire une soupe-repas.

Recette

⑥ Canapés de poisson à l'indienne (voir Variantes) (p. 174)

Saumon

Ce poisson à la chair fine et délicate n'a plus besoin de présentation, on le retrouve partout dans nos eaux et sur nos tables, apprêté de toutes la manières et à toutes les sauces, et pour notre plus grand plaisir.

Le saumon se sert souvent cru ou mariné. Or, les poissons crus, fumés ou marinés peuvent contenir des bactéries, des virus ou des parasites que seule la cuisson peut détruire. Les personnes sensibles aux intoxications alimentaires, par exemple celles dont le système immunitaire est affaibli, devraient éviter de consommer du saumon sous ces formes.

Densité calorique : moyenne

Dans la cuisine

Parmi les mille et une façons d'apprêter le saumon, retenons :

- cru, en gravlax ou en tartare;
- en papillote, avec une sauce au citron et à l'estragon;
- au micro-ondes, dans une marinade à l'orange et au tamari;
- grillé au four ou sur le barbecue électrique;
- entier, poché dans du vin blanc, et servi froid avec une sauce au yogourt;
- en conserve, sur des pizzas ou en sandwiches, en salade, sur des pâtes.

Recettes

- Courge spaghetti au saumon (p. 234)
- Darnes de saumon à la japonaise (p. 236)
- Sandwiches roulés au saumon et au chou (p. 276)
- Saumon cru mariné à la thaïe (p. 175)
- Tarte au saumon sans croûte (p. 235)

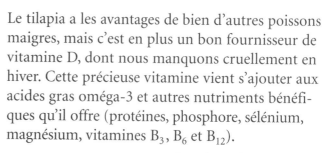

Tilapia

Le tilapia a les avantages de bien d'autres poissons maigres, mais c'est en plus un bon fournisseur de vitamine D, dont nous manquons cruellement en hiver. Cette précieuse vitamine vient s'ajouter aux acides gras oméga-3 et autres nutriments bénéfiques qu'il offre (protéines, phosphore, sélénium, magnésium, vitamines B_3, B_6 et B_{12}).

Densité calorique : basse

Dans la cuisine

Le tilapia s'apprête comme la plupart des autres poissons à chair blanche : poché, poêlé, au four, mais il est particulièrement savoureux grillé, après qu'il a mariné quelques heures. On peut le manger cru en sushi, en sashimi ou en ceviche, c'est-à-dire mariné dans une préparation d'huile d'olive, de jus de citron et d'herbes.

Recettes

- Cari de pétoncles et de tilapia (p. 241)
- Filets de tilapia grillés à l'orientale (p. 240)
- Potage de poisson au fenouil (p. 190)

Les viandes

Pour tous les aliments de cette section, j'indique la densité calorique selon une échelle de quatre valeurs :

très basse = *moins de 80 calories par 100 grammes*

basse = *de 80 à 150 calories par 100 grammes*

moyenne = *de 150 à 300 calories par 100 grammes*

haute = *plus de 300 calories par 100 grammes*

Manger de la viande abrège-t-il nos jours? Les viandes rouges et grasses sont au banc des accusés quand vient le temps de chercher des coupables aux maladies cardiovasculaires, à l'obésité, à l'arthrite et même au cancer. Il est vrai que la plupart des viandes contiennent des acides gras saturés nuisibles à la santé, inducteurs de mauvais cholestérol et agents d'oxydation de nos cellules. Pourtant, la viande est une importante source de protéines. Les protéines végétales qu'on trouve dans les légumineuses et les céréales sont un bon substitut, mais suffisent-elles? Il y a aussi des protéines animales dans les poissons et les fruits de mer qui peuvent remplacer avantageusement celles qui proviennent de la viande.

Oui, nous pourrions nous passer de viande pour nous assurer une meilleure longévité, mais pourquoi renoncer aux saveurs incomparables qu'elle procure si nous en consommons avec modération et savons bien choisir les plats carnés les meilleurs pour notre santé? J'ai écarté toutes les viandes rouges, les plus chargées en gras saturés, pour ne retenir que des viandes maigres ou celles dont les gras ne sont pas néfastes et qui font vraiment les délices des gourmets.

Canard

Le canard est bel et bien une viande grasse, mais son gras possède pour la santé des avantages précieux si on le compare aux autres gras d'origine animale. Ce n'est pas pour rien qu'il figure au menu des habitants du sud-ouest de la France, où le taux de maladies cardiovasculaires est plus faible qu'ailleurs en France. On pourrait même considérer le canard comme une partie intégrante du régime méditerranéen. Sa chair succulente contient de nombreux nutriments essentiels au maintien de la

santé et une forte teneur en gras monoinsaturés qui contribuent à lutter contre diverses maladies, notamment le diabète et les maladies cardiovasculaires. Attention cependant de ne pas abuser du gras de canard, car il est très calorique !

Densité calorique : moyenne (chair sans peau)

Dans la cuisine

Le canard peut être poêlé, rôti, grillé, on peut le confire aussi. Le confit, très salé, est cependant déconseillé aux hypertendus. On peut le manger rosé, mais certains le préféreront bien cuit, la chair se détachant facilement de la peau et des os. Dans ce cas, on le cuira au four, en papillotte.

Recettes

⬮ Cuisses de canard en chemise (p. 246)   ⬮ Poitrines de canard aux épices (p. 244)

Lapin

La viande du lapin, faible en gras et riche en protéines, rappelle celle du poulet, en plus tendre et en plus savoureuse. Le lapin, parce qu'il déborde de vitamines et de minéraux, notamment les vitamines B_3 et B_{12}, le phosphore et le sélénium, mérite une place de choix sur la table des personnes qui désirent se nourrir sainement.

Densité calorique : moyenne

Dans la cuisine

Le lapin est une viande que l'on préfère généralement faire mijoter à feu très doux. Il faut que les morceaux se détachent bien, mais attention de ne pas trop le cuire si l'on veut préserver toute sa saveur et sa tendreté. Les fruits séchés et les agrumes se marient bien à cette viande, qui s'accommode comme le poulet.

Recettes

Lapin au citron (p. 247)

Lapin au fenouil (p. 248)

Poulet et autres volailles

Lorsqu'on la consomme sans la peau, la viande du poulet est peu calorique et peu grasse, et elle contient les neufs acides aminés essentiels à l'organisme. La dinde est encore moins calorique et constitue sûrement la viande la plus économique de toutes. D'autres volailles, comme la caille, la pintade et le faisan, sont également peu grasses et ont chacune leur goût distinctif.

Densité calorique : moyenne
Le blanc est moins calorique que le brun.

Dans la cuisine

Le poulet est probablement la viande qui donne lieu au plus grand nombre de recettes. Sauté, grillé, mijoté, rôti, en soupe, en pâté, sur du riz ou des pâtes, comme garniture de pâtes fourrées (des tacos, par exemple) ou en salade, le poulet se présente sous des visages multiformes et offre des goûts fort différents. J'aurais pu ajouter « frit » comme mode d'apprêt, mais vous ne trouverez aucune friture dans ce livre : trop gras, trop calorique, malsain !

Recettes

- Bouillon de poulet maison (p. 131)
- Brochettes de poulet à l'orientale (p. 252)
- Burritos au poulet (p. 280)
- Cailles marinées à l'étuvée (p. 250)
- Escalopes de poulet au sésame (p. 258)
- Fleurs de tortilla au poulet (p. 278)
- Poitrines de poulet à la grecque (p. 254)
- Poulet entier à l'orientale (p. 255)
- Poulet farci à la marocaine (p. 256)
- Poulet rôti à la pâte d'épices (p. 251)
- Salade de poulet aux pommes (p. 281)
- Soupe au poulet à la japonaise (p. 196)

Les fines herbes

Non seulement les fines herbes ajoutent de la saveur à nos plats, mais elles ont des propriétés thérapeutiques que nous commençons à leur reconnaître. Dans des études récentes, des chercheurs affirment que certaines fines herbes fraîches ont une capacité antioxydante parfois plus élevée que certains fruits et légumes. Raison de plus pour leur accorder une place de choix dans la cuisine, où elles se révèlent indispensables pour parfumer les aliments et rehausser leurs saveurs.

Durant la belle saison, il est facile et inspirant de cultiver un potager de fines herbes. Celles-ci ne nécessitant que peu d'espace pour croître, on peut très bien en faire pousser dans des bacs sur un balcon. Une fois cueillies, elles se conservent au frigo dans des sacs en plastique.

L'automne venu, on les fait sécher dans un lieu bien ventilé à l'abri de la lumière, en les suspendant la tête en bas. On peut aussi les ranger dans des sacs de papier kraft et les garder dans un endroit sec. Ou encore les congeler après les avoir hachées et placées dans des bacs à glaçons avec un peu d'eau.

Les fines herbes parfument agréablement les huiles et les vinaigres. Il suffit de les mettre dans un flacon ou une bouteille avant de remplir avec une huile au parfum neutre, puis d'attendre deux semaines avant de s'en servir. Pour confectionner des vinaigres aromatisés, on chauffe des vinaigres de vin ou de cidre que l'on verse sur les herbes.

Soulignons que les fines herbes ont une densité calorique très, très basse.

Aneth

Bien connue sous son nom anglais de « dill », on appelle aussi cette plante « faux anis » ou « fenouil bâtard » parce que son feuillage ressemble à celui du fenouil et que son goût s'en rapproche. La plante stimule l'appétit, et elle est riche en magnésium, en calcium, en fer, en vitamine C, en potassium, en soufre et en sodium. Ses feuilles se servent en infusion et soulagent de l'aérophagie, calment la faim et parfument l'haleine quand on les mâche. De plus, parce qu'elles facilitent la digestion, on a avantage à en parfumer les concombres et les cornichons, ainsi que les légumineuses.

Dans la cuisine

Les graines d'aneth, récoltées à pleine maturité et convenablement séchées, conservent leur huile essentielle et leurs ingrédients actifs. On peut les mâcher telles quelles ou les broyer légèrement pour en faire une infusion. On se sert des feuilles pour aromatiser le poisson et les fruits de mer, les ragoûts de viande, les marinades et les sauces. Pour leur conserver tout leur arôme, il ne faut pas les cuire mais les ajouter plutôt à la fin de la cuisson.

Basilic

Parmi les fines herbes, le basilic est probablement celle qui a connu la plus grande popularité au cours de deux dernière décennies. En plus d'apporter un goût unique aux plats qu'il parfume, il contient des acides phénoliques et des flavonoïdes qui possèdent des propriétés antioxydantes reconnues, c'est-à-dire qu'elles s'attaquent aux radicaux libres responsables de plusieurs maladies et du phénomène du vieillissement. Le basilic renferme également de l'acide romarinique, qui agit de façon synergique avec la vitamine E pour lutter efficacement contre les maladies cardiovasculaires.

Dans la cuisine

Le basilic parfume de façon exquise les pâtes, les salades et les tomates. C'est l'ingrédient de base du savoureux pistou, une sauce froide composée d'un mélange de ses feuilles, d'huile et de bouillon, et de noix.

Parmi les innombrables variétés de basilic, en voici quelques-unes :

- le basilic thaï, qui possède un goût subtil, fait un pistou délectable (voir p. 142);
- le basilic romain (ou grand basilic), qui peut atteindre 75 cm, possède de grandes feuilles odorantes;
- le basilic grec, facile à cultiver à la maison, a des feuilles petites et peu parfumées;
- le basilic cannelle, dont la hauteur atteint 30 cm, a des feuilles vert olive ou brunes, et est surtout utilisé dans la cuisine thaïe pour aromatiser les desserts et les infusions.

Coriandre

Cette plante aromatique est à la fois une herbe et une épice largement utilisée en cuisine sur tous les continents. La coriandre a gagné l'Amérique lors de la conquête espagnole et parfume agréablement plusieurs spécialités mexicaines. La plante contient de la vitamine K et plusieurs antioxydants, dont le bêtacarotène qui permet à l'organisme de lutter contre les maladies liées au vieillissement.

Dans la cuisine

Les graines rondes de la coriandre, moulues ou entières, font partie des épices de base de la cuisine orientale et indienne, tandis que ses feuilles sont employées pour aromatiser soupes, couscous ou ragoûts. Les Thaïlandais se servent également de ses racines dans bon nombre de leurs préparations culinaires.

On choisit des feuilles de coriandre fraîches et bien vertes, et on les conserve dans un sac, ou mieux, dans un verre d'eau au frigo, recouvertes d'une pellicule de plastique.

On broie les graines dans un mortier ou un moulin à café, et on cisèle les feuilles en évitant de les cuire.

Estragon

L'estragon, une plante à l'arôme délicat, contient du fer et du manganèse, du calcium et de la vitamine C. Il a la réputation de faciliter la digestion, de nettoyer l'intestin, de détendre le système nerveux et de combattre l'insomnie.

Dans la cuisine

Il faut choisir l'estragon bien frais, avec des feuilles vert tendre. Il se conserve sur tige dans un verre d'eau ou dans un sachet en plastique perforé en bas du frigo. Ciselé, vous pouvez le congeler dans un bac à glaçons recouvert d'eau, sans réelle perte d'arôme. Compagnon apprécié des champignons, il parfume aussi de manière subtile les quiches, le poulet, le veau, les poissons blancs et le saumon. Dans une salade, il permet de remplacer le sel.

Faites glisser une ou deux tiges d'estragon dans une bouteille de vinaigre avec une échalote sèche et vous obtiendrez un vinaigre délicieusement parfumé.

Menthe

La menthe contient une essence très connue, le menthol, qui stimule la digestion et estompe la sensation de fatigue. Elle renferme également de la vitamine K, du fer et du manganèse, lequel s'attaque aux radicaux libres et à la dégénérescence physique. C'est dans les infusions que sa concentration en antioxydants est la plus grande, mais on aurait tort de se priver de son arôme pour parfumer les entrées et les salades, car les feuilles de la menthe poivrée contiennent, tout comme le basilic, de l'acide romarinique, une substance qui aide à combattre les maladies liées au vieillissement.

Dans la cuisine

La menthe se marie bien avec l'agneau, le concombre, les légumineuses, la courgette, la tomate, les fruits, et c'est un ingrédient essentiel du taboulé.

Faites-en le complément aromatique de votre salade de chou, elle lui donnera une saveur rafraîchissante incomparable.

Origan

L'origan et la marjolaine sont des herbes proches parentes qui font partie d'une même famille comptant une cinquantaine de variétés. Selon des études menées sur des souris, des extraits d'origan ont montré des capacités de réduire le taux de sucre dans le sang et d'inhiber la croissance de cellules cancéreuses, résultats qui ont incité les chercheurs à poursuivre leurs études sur des humains. Fer, manganèse, calcium et vitamine E sont également fournis par cette herbe précieuse.

Dans la cuisine

On associe bien sûr l'origan à la cuisine italienne, son parfum caractéristique relevant de façon incomparable les sauces tomate et les pizzas. Mais la cuisine de tous les autres pays méditerranéens lui doit aussi beaucoup de ses saveurs et certains puristes n'hésitent pas à considérer l'origan grec comme la seule espèce digne d'aromatiser leurs plats.

Romarin

Herbe aux arômes robustes et vivifiants, le romarin a une réputation enviable, celle de stimuler l'intellect et la mémoire. Riche en composés antioxydants, ses effets anti-inflammatoires ont été documentés, des études montrant qu'un mélange d'extraits de romarin et de houblon peut soulager de l'arthrite et de la fibromyalgie. La saveur du romarin est renforcée par la congélation. Si vous avez le bonheur d'avoir un potager, n'hésitez pas à en cueillir à l'automne et à en congeler dans des bacs à glaçons en le recouvrant d'eau fraîche.

Dans la cuisine

Le romarin est indispensable à la ratatouille, et parfume agréablement les volailles et des viandes comme le porc et l'agneau. C'est aussi un bon compagnon des pommes de terre, du riz et des grillades.

Thym

Le thym, comme la plupart des fines herbes présentées dans ce livre, contient du fer et de la vitamine K, du manganèse et du calcium. Toutefois, c'est l'un de ses principes actifs, le thymol, qui lui donne son pouvoir d'évacuer les toxines par la transpiration et les urines.

Dans la cuisine

L'arôme du thym, comparable à celle du romarin, lui permet des mariages heureux avec les grillades de légumes et de viande. Compagnon apprécié des aubergines et des tomates, il apporte une note originale à des desserts aux fruits.

Les épices et autres condiments

Tout comme les fines herbes, mais de façon encore plus marquée, les épices ont des vertus thérapeutiques avérées, connues depuis des siècles en Orient. Ce sont donc des ingrédients santé, nullement caloriques, qui rehaussent et parfument de façon extraordinaire la plupart des plats. Le secret est souvent dans la combinaison, comme c'est le cas des caris indiens. Autre avantage dans la cuisine, les épices permettent de diminuer le recours au sel. Les recettes orientales ne comprennent d'ailleurs presque jamais de sel.

Cardamome

La cardamome appartient à la même famille que le gingembre, mais le parfum de ses graines, bien que légèrement poivré, est fort et un peu amer. Ses graines, au nombre d'une vingtaine dans une gousse, facilitent la digestion.

Dans la cuisine

La cardamome blanche n'existe pas à l'état naturel, c'est tout simplement une cardamome verte – la meilleure au goût – , que l'on a décolorée chimiquement. La cardamome brune est généralement de mauvaise qualité et a un goût de camphre.

En Inde, la cardamome est l'un des ingrédients vedette du fameux garam masala, un mélange d'épices qu'on appelle aussi cari. Elle parfume agréablement les soupes, les viandes grillées et les ragoûts, et aromatise les salades de fruits et les desserts. Son arôme se marie bien avec celui de l'orange.

Cumin

Le cumin avait jadis la réputation de tempérer la colère. Aujourd'hui on se sert de son infusion pour faciliter la digestion. Ses graines ont un parfum intense et une saveur amère qui réveille les saveurs des viandes et des légumes.

Dans la cuisine

Les graines de cumin sont un ingrédient indispensable aux chilis mexicains ou américains et aux caris et masalas indiens. Tous les pays bordant la Méditerranée les ont intégrées à leur cuisine, le Maghreb dans son couscous, le Moyen-Orient dans ses falafels.

Il est préférable de griller les graines de cumin et de les moudre juste avant de s'en servir. Ajoutez-en quelques pincées lorsque vous faites cuire des haricots secs, elles les rendront plus digestes et moins explosifs.

Curcuma

Le curcuma est une épice riche en vitamine C, en fer et en manganèse. On l'appelle parfois « safran des Indes » en raison de sa couleur jaune causée par une substance que contient son rhizome, la curcumine. Mais la comparaison s'arrête là, sa saveur légèrement amère étant beaucoup plus piquante que le safran. Le curcuma a des effets antioxydants et anti-inflammatoires. Il est par ailleurs bon pour le foie, car il favorise la sécrétion de la bile. Des études épidémiologiques ont montré que l'incidence du cancer du côlon et de la maladie d'Alzheimer est nettement moins élevée dans les pays où on consomme du curcuma en abondance.

Dans la cuisine

Il vaut mieux se procurer le curcuma en petites quantités, car ses propriétés bénéfiques s'altèrent avec le temps. Cette épice, qui sert aussi de teinture en Inde, entre dans la préparation de plusieurs caris (masalas), et donnera couleur et parfum à vos soupes, vos riz et vos ragoûts de viande.

Gingembre

Cette racine que les Orientaux utilisent dans leur cuisine depuis des millénaires est réputée guérir un nombre considérable d'infections. En Europe, c'est en tant que remède contre les nausées que le gingembre a acquis ses lettres de noblesse, plus particulièrement en

Allemagne où on l'utilise couramment pour lutter contre la nausée et le mal des transports. Mais il a aussi fait ses preuves pour soulager de l'arthrite, des maux de tête et des rhumes, et on apprécie de plus en plus son goût si caractéristique dans les cuisines d'Occident.

Dans la cuisine

Choisissez des rhizomes fermes, à la peau argentée, fine et claire, et longs, leur longueur étant un gage de maturité et le signe qu'ils contiennent davantage de fibres. Le gingembre se conserve à la température ambiante et se congèle bien, râpé ou dans sa forme originelle.

Le gingembre possède un goût délicat et piquant qui se prête à une multitude d'utilisations; il parfume avec bonheur les potages, les entrées en sauce, les plats de légumes, les ragoûts et les caris, les vinaigrettes, les salades, les desserts et les boissons. On peut se le procurer sous plusieurs formes, frais, en poudre, confit, séché, en sirop, moulu ou en marmelade. Ses propriétés thérapeutiques sont néanmoins plus actives quand on le consomme frais. Le râper permet de libérer ses substances si bénéfiques pour la santé.

Moutarde

La moutarde, cousine du chou et du brocoli, est une crucifère dont les feuilles, tout comme les graines, sont comestibles. Ses feuilles contiennent de l'acide folique, du bêtacarotène, des vitamines C et K, du manganèse et du calcium, et, dans une moindre mesure, plusieurs autres minéraux. Parmi plus de 1000 aliments dont la composition en antioxydants a été analysée, la moutarde s'est classée au huitième rang. Toutefois, en raison de la quantité minime que nous pouvons consommer aux repas, elle ne contribue pas autant que d'autres aliments à nous protéger des radicaux libres.

Dans la cuisine

On obtient la moutarde préparée en écrasant ses graines avec un peu d'eau, ce qui donne une saveur aigre plus ou moins piquante. On neutralise cette préparation avec un acide, du vinaigre par exemple, ou du vin et du citron, et on l'aromatise de toutes sortes de manières. La moutarde préparée que nous consommons est faite de graines de moutarde blanches et noires.

On peut apprêter les feuilles de moutarde, qui ne sont offertes que dans les épiceries orientales, de bien des manières : en salade, dans les burgers, les quiches et les crêpes. La moutarde préparée agrémente les vinaigrettes, relève les viandes à rôtir, aromatise le poulet et le lapin, parfume délicieusement les sauces chaudes ou froides.

Incorporez toujours la moutarde à la fin de la cuisson si vous ne voulez pas que sa saveur disparaisse.

Muscade

Fruit du muscadier, un arbre touffu aux fruits se rapprochant de l'abricot, la muscade est formée d'un noyau brun dont l'enveloppe jaune constitue une autre épice à la saveur plus douce : le macis.
Le noyau est séché au soleil jusqu'à ce que la noix émette un son de crécelle. La muscade est réputée pour stimuler l'appétit, faciliter la digestion et soulager des douleurs arthritiques.

Dans la cuisine

La muscade se consomme râpée ou moulue et se marie aussi bien avec le salé qu'avec le sucré. Elle parfume de façon subtile les sauces blanches, les purées, les gratins, les poissons et les préparations à base de fromage, et agrémente certaines pâtisseries et compotes de fruits. Une noix se révèle de qualité supérieure lorsque, piquée à l'aide d'une aiguille, elle laisse échapper de fines gouttelettes d'huile.

Piment

Le piment est encore confondu avec le poivron, sans doute parce qu'ils appartiennent tous deux à la même famille, mais la méprise ne saurait subsister une fois qu'on a goûté à l'un et à l'autre. Le piment, qui compte des milliers de variétés dans le monde, doit son goût vif et brûlant à une substance, la capsaïcine, qui agit sur le mucus à la manière d'un décongestionnant. Il contient plus de vitamine C qu'une orange, renferme aussi du bêtacarotène, de l'acide folique et du potassium. Il a la réputation de faciliter la digestion.

Dans la cuisine

Le terme « piment » désigne indifféremment la plante, la gousse, les graines et les épices qui sont tirées de ce fruit. Il existe une multitude de variétés de piments dont les plus connues sont le cubanel, le cayenne, le piment-oiseau, le piment-cerise, le jalapeno, le piment d'Espelette, le tabasco et le chili.

Lorsque vous utilisez un piment frais, enfilez des gants avant de retirer les nervures et les graines. Ou encore, épépinez-le en le tenant sous le jet du robinet d'eau froide et lavez-vous ensuite les mains avec du savon.

Poivre

Riche en sels minéraux et en vitamines, le poivre tire son goût et son parfum de son écorce qui change de couleur selon son degré de maturité. Il aiguise l'appétit, facilite la digestion et a la réputation de soulager la douleur.

Dans la cuisine

C'est fraîchement moulu que le poivre libère sa pleine saveur. Choisir des grains lourds, compacts, d'une même couleur et qui ne s'effritent pas. Parmi la centaine de variétés recensées, les plus fréquemment utilisées en Occident sont la poivre blanc, le plus doux et le plus fin, le poivre noir, le plus intense, et le poivre vert, le plus fruité et le plus tendre. Tous parfument avantageusement les potages, les viandes, les poissons, les sauces et les marinades, mais s'avèrent aussi les bons compagnons de certains fruits (ananas, figues, fraises, oranges, poires,) et du chocolat.

Wasabi

Le wasabi est une plante crucifère originaire du Japon que l'on compare parfois au raifort en raison de sa saveur intense et piquante.

Dans la cuisine

On peut se procurer du wasabi en poudre ou préparé et vendu dans un tube qu'il faut réfrigérer après une première utilisation. On s'en sert principalement comme condiment avec des sushis et des sashimis, des plats de viande ou de poisson.

Les huiles

Le gras est une composante importante d'un régime santé. Bien intégré à l'alimentation, il permet au corps d'absorber des vitamines liposolubles telles les vitamines A, D et E. Les graisses fermes, surtout le beurre et le saindoux, contiennent une part élevée d'acides gras saturés, les monosaturés et les polysaturés. Leur consommation en grande quantité peut endommager la santé et est déconseillée. Longtemps les diététistes et les professionnels de la santé ont cru bien faire en recommandant aux consommateurs de remplacer le beurre ou le saindoux par de la margarine. Ils ont dû faire leur *mea culpa* au début des années 1990 et admettre ce qu'ils semblaient avoir ignoré depuis toujours, soit que la margarine hydrogénée est une importante source de gras trans, ces substances qui augmentent les risques de maladies cardiovasculaires et ont d'autres répercussions néfastes sur la santé. Depuis la dénonciation de ces gras nocifs présents dans une grande variété de produits de consommation, l'industrie alimentaire a mis sur le marché des aliments dépourvus de gras isomères trans, notamment des margarines non hydrogénées qu'on estime sans danger. Nous ignorons cependant quels effets sur la santé elles auront à long terme.

Les huiles végétales, pour leur part, renferment un taux élevé d'acides gras insaturés, dont des acides gras mono et polyinsaturés, qui s'y retrouvent en proportions variables et sont indispensables au bon fonctionnement de l'organisme. Mais les huiles végétales riches en acides gras oméga-6 (polyinsaturés), par exemple les huiles de maïs, de carthame et de tournesol, sont à soustraire de l'alimentation des personnes qui désirent vivre en bonne santé.

Les huiles végétales ont une densité calorique très élevée, d'où l'usage parcimonieux qu'il faut en faire. Les Méditerranéens utilisent pourtant l'huile d'olive en abondance, leur nourriture traditionnelle étant par ailleurs peu calorique. La cuisson au wok permet de réduire la quantité d'huile requise pour les sautés et autres plats mijotés.

Huile de canola

C'est l'huile la plus recommandée par les diététistes en raison de sa teneur en acides gras oméga-3, très supérieure à celle de l'huile d'olive, et de ses capacités de réduire le taux de mauvais cholestérol. Elle est la moins coûteuse des huiles de première pression à froid, la plus durable, et elle résiste bien à la cuisson.

Comme le canola cultivé au Canada (l'un des principaux producteurs de cette plante) a été souvent génétiquement modifié, l'huile qu'on en extrait peut être considérée comme provenant d'organismes génétiquement modifiés (OGM). Heureusement, on trouve sur le marché des huiles de canola biologiques qui ne présentent pas cette caractéristique.

Dans la cuisine

Froide, on utilise l'huile de canola dans les vinaigrettes. Chauffée au poêlon, on s'en sert pour dorer les légumes, les poissons et la volaille. On l'emploie également pour faire des gâteaux, des pains et des muffins.

Huile d'olive

L'huile d'olive offre une concentration élevée (environ 80 %) d'acide oléique, acide gras insaturé de type oméga-9. L'oméga-9 est un bon gras qui devrait faire partie de notre alimentation quotidienne, tout comme les autres acides gras essentiels oméga-3 et oméga-6. À condition bien sûr de choisir une huile extra-vierge de première pression à froid, qui a été traitée en douceur sans excès de chaleur afin de lui conserver son intégrité. C'est le régime alimentaire traditionnel méditerranéen (poisson, fruits, légumes et huile d'olive) qui en a fait une huile bonne pour le cœur. Plusieurs études ont révélé que la substitution de gras saturés par les gras monoinsaturés de l'huile d'olive améliore le rapport bon cholestérol/mauvais cholestérol, lequel, en retour, empêche les vaisseaux sanguins de s'obstruer. De plus en plus de recherches montrent que l'huile d'olive peut contribuer à protéger l'organisme contre certains types de cancer, dont le cancer du côlon.

Dans la cuisine

Que serait la cuisine méditerranéenne sans l'huile d'olive ? Parce qu'elle résiste assez bien à la chaleur, on peut l'utiliser pour faire dorer les légumes, les poissons et les volailles.

Froide, elle s'associe avec bonheur au jus de citron et à l'ail pour faire de délicieuses vinaigrettes, ou elle se sert nature sur du pain ou des légumes crus.

Elle entre aussi dans la composition de pains et de gâteaux aux légumes (carottes, courgettes), et tartine agréablement les pizzas et les pâtes au four.

À l'achat d'une huile de première pression, il faut bien vérifier la date de péremption inscrite sur l'étiquette.

Les graines germées

Dans la germination d'une graine, on observe le miracle de la vie. En la combinant à de l'eau et à de l'air, tout ce qu'elle renferme se développe et donne en quelques jours, parfois moins, un condensé de vitamines, de minéraux et d'autres nutriments dont l'organisme a besoin pour se maintenir en santé. Quelques cuillerées à soupe de graines germées fournissent, selon la variété, une grande quantité de protéines végétales, des vitamines A et B, et beaucoup de vitamine C.

Les graines germées se mangent crues dans des salades, des sandwiches, des rouleaux de printemps, et on peut les ajouter à des soupes ou à des ragoûts.

On peut faire germer toutes les variétés de graines :

⚬ des céréales (blé, kamut, épeautre, sarrasin, millet, seigle, orge);
⚬ des légumineuses (haricots, pois chiches, lentilles, soja);
⚬ des légumes (chou, poireau, roquette, etc.).

Comment faire germer les graines

Pour procéder à la germination, il suffit d'un bocal en verre, d'un carré d'étamine (coton à fromage), d'un élastique et d'eau. Les graines comme la luzerne et le haricot de soja exigeant beaucoup d'espace, il en faut peu. En revanche, les graines comme les pois chiches, les lentilles, le blé ou l'épeautre ne prennent que peu de place.

Dans un bocal en verre de 1 litre, mettez une petite quantité de graines.

Recouvrez les graines d'eau de source et laissez-les tremper toute la nuit.

Le lendemain, recouvrez l'ouverture du bocal avec un carré d'étamine que vous ferez tenir en place à l'aide d'un élastique.

Faites couler l'eau du robinet sur l'étamine qui forme le couvercle du bocal, rincez abondamment les graines jusqu'à ce que l'eau ne soit plus verte et égouttez-les. Pour ce faire, distribuez-les de façon uniforme autour des parois du bocal et placez celui-ci à l'envers ou de biais sur un égouttoir. Répétez l'opération de rinçage des graines de 2 à 3 fois par jour. Conservez à l'ombre en recouvrant le bocal d'un linge.

Au bout de quelques jours – la durée varie de 1 à 6 jours selon le type de graine –, le germe devrait poindre. Placez alors le bocal dans un endroit éclairé de manière que les graines puissent développer de la chlorophylle, source de vitamine A.

Assurez-vous de rincer les graines au moins 2 fois par jour avec de l'eau du robinet jusqu'à la germination.

Quand le germe est sorti, les graines sont prêtes à manger. Vous pouvez les conserver au frigo, le bocal ouvert, mais pas plus de 1 ou 2 jours.

Les graines qui germent le plus rapidement, souvent en une seule nuit, sont les graines de courge, de sésame, de tournesol, d'amande, de noisette, de quinoa et de fenugrec. Elles ne requièrent que 5 à 14 heures de trempage. Le germe est peu visible, les graines sont tendres et légères et d'un goût assez neutre, sauf le sésame et le fenugrec. Les graines de tournesol se conserveront 2 jours, les graines de sésame, de quinoa et d'amandes un peu plus, à condition qu'aucune eau stagnante ne reste dans le bocal.

Les boissons

Boire est essentiel à la vie, mais ce que nous buvons peut contribuer à nous rendre malades ou à réduire notre espérance de vie. La plupart des boissons industrielles sont davantage nocives que bénéfiques parce qu'elles contiennent trop de sucre (les boissons gazeuses et les jus de fruits), trop de sel (les jus de légumes), de l'alcool ou divers additifs chimiques. Si nous mangeons sainement, en faisant la part belle aux légumes et aux fruits, nous pourrions nous contenter d'eau comme boisson. Fruits et légumes contiennent eux-mêmes beaucoup d'eau, ce qui a un effet désaltérant et permet d'éviter de trop manger par effet de satiété.

Pour ajouter de la qualité à notre alimentation et nous garder en meilleure santé, nous pouvons consommer des infusions de diverses plantes bonnes pour la santé : camomille (antispasmodique, anti-inflammatoire, analgésique et antiseptique), échinacée (antibiotique et antivirale), eucalyptus (décongestionnant et antiseptique), gingembre (anti-infectieux), menthe poivrée (analgésique), etc. Faites vous-même vos propres mélanges et ajoutez-y du citron, chargé de vitamine C antioxydante capable de réveiller le système immunitaire. Nous pouvons aussi boire des jus de fruits ou de légumes maison, sans ajouter de sel ou de sucre, bien entendu. Il est à noter que les Asiatiques ne boivent pas de lait, un aliment par ailleurs controversé. On peut trouver du calcium dans bien d'autres aliments, par exemple les céréales,

les légumineuses, les noix (cependant très caloriques), les boissons de soja et les poissons en conserve.

Je m'attarderai plus spécifiquement à deux boissons aux bénéfices santé réputés, l'une consommée en abondance par les Asiatiques en général, les Okiniwans en particulier, l'autre par les Méditerranéens : le thé vert et le vin rouge.

Thé vert

Le thé contient de la caféine, comme le café, mais en beaucoup moins grande quantité. Il a en outre l'avantage de renfermer des polyphénols, de puissants anti-oxydants bons pour le système immunitaire et capables de combattre les effets du vieillissement. Le thé vert contient davantage de polyphénols et moins de caféine que le thé noir, ce qui en fait un premier choix dans une perspective de longévité. Le thé est aussi diurétique, très peu calorique, et on peut le consommer froid pour obtenir un effet rafraîchissant. Le thé vert est déconseillé aux personnes qui prennent des médicaments anticoagulants.

Dans la cuisine

Il est fortement déconseillé d'ajouter du lait ou de la crème dans le thé, car ces produits sont susceptibles d'en atténuer les bons effets santé. Vous pouvez diminuer la caféine naturelle du thé en faisant une première infusion de 20 à 30 secondes, mais des spécialistes vous diront que deux infusions détruisent aussi ses propriétés bénéfiques. Choisissez de préférence du thé en feuilles plutôt qu'en sachet. Le thé peut servir de base liquide à divers plats mijotés, remplaçant le bouillon. Il donne un goût différent aux mets préparés de cette façon.

Vin rouge

Le vin rouge est au cœur du « paradoxe français », tout comme les viandes grasses d'oie et de canard. Des chercheurs ont découvert en effet que les Français du sud-ouest de la France, grands consommateurs de vin rouge et de foie gras, présentaient un taux d'infarctus quatre fois moins élevé qu'aux États-Unis et que leur espérance de vie était plus élevée que dans le reste de la France. Ce phénomène a pu être attribué pour une part aux polyphénols qu'on trouve dans le vin rouge (mais pas dans le vin blanc), qui exerceraient une action préventive contre les maladies cardiovasculaires. Deux bémols toutefois : il faut que la consommation soit modérée, c'est-à-dire d'au plus deux verres par jour, et que le reste du régime soit santé, composé en prédominance de légumes, de fruits et de poissons. Par ailleurs, la viande de canard ou d'oie contient du cholestérol, mais il s'agit surtout de HDL, soit le bon cholestérol (par rapport au LDL, le mauvais).

Dans la cuisine

Le vin rouge entre dans la composition de plusieurs plats mijotés, notamment la sauce bolognaise.

Les recettes

Les cuisines traditionnelles du Japon et de la Grèce, celles qui ont alimenté le plus grand nombre de centenaires dans le monde, ont en commun une simplicité qui va de pair avec la situation géographique des deux pays. Les Okinawans et les Crétois sont des insulaires qui importent très peu de produits pour s'alimenter. Ils comptent depuis toujours sur les ressources de la mer toute proche, puis sur les végétaux qu'ils cultivent et apprêtent d'une infinité de manières. C'est ainsi que les mêmes aliments se retrouvent continuellement sur leur table, quoique présentés différemment au fil des saisons. Les ressemblances entre leurs modes alimentaires s'arrêtent là.

Les deux peuples se distinguent nettement dans leur manière d'aborder l'art de se nourrir : les premiers ont choisi de pousser le raffinement jusqu'à la limite de la frugalité tandis que les seconds, au contraire, font montre d'une générosité quasiment légendaire. À première vue, on pourrait donc penser que leurs cuisines, à l'opposé l'une de l'autre, peuvent difficilement se côtoyer dans un ouvrage prônant une alimentation hypocalorique. Pourtant, je le sais pour les avoir fréquentées de près, elles n'ont rien d'irréconciliables. En réalité, elles sont complémentaires; on peut puiser dans l'une ce qui paraît manquer à l'autre. C'est d'ailleurs ce que nous faisons sans y penser depuis plus de cinquante ans en empruntant des plats à toutes les traditions culinaires, et d'autant plus que nous avons la possibilité de réunir dans nos assiettes ce que toutes les contrées du monde ont de meilleur à offrir.

C'est en m'inspirant des deux types de cuisine que j'ai conçu les recettes de cette section, mais sans me restreindre, en élargissant mes champs d'exploration à toute l'Asie et à l'ensemble du bassin méditerranéen. Toutefois, par solidarité avec un mode d'alimentation qui repose sur l'autosuffisance, je les ai adaptées à nos propres ressources : j'utilise des poissons qui nagent dans nos eaux, des fruits et des légumes qui croissent dans nos régions. Comme dans mes ouvrages précédents, je fais passer le plaisir de manger sainement avant les autres considérations. Je retiens comme ingrédients essentiels des céréales, des légumes et des fruits en abondance, des poissons et fruits de mer que l'on peut se procurer aisément, des ingrédients frais donc, et une grande variété d'herbes et d'épices pour les apprêter.

Des recettes hypocaloriques ? Pas toutes. Par exemple, aux plats sans viande, je me suis permis d'ajouter en quantités modérées des noix ou du fromage afin de les rééquilibrer en protéines. Cela, en conformité avec le mode alimentaire qu'ont adopté les centenaires : s'il faut manger moins pour vivre vieux, manger moins ne signifie pas manger pauvrement ou suivre un régime restrictif. Cela signifie manger plus d'aliments peu caloriques et moins d'aliments qui ont un indice calorique élevé. S'il est vrai que nous mangeons trop en Amérique du Nord, que nous souffrons d'obésité et que nous mourons de maladies cardiovasculaires, notre volonté de briser ce cercle vicieux en rompant avec nos mauvaises habitudes alimentaires devrait s'accomplir en douceur. C'est dans cet esprit que je recommande une cuisine simple et variée qui a pour principe de conserver intact le plaisir de manger tout en fournissant à l'organisme ce dont il a besoin pour se maintenir en excellente santé jusqu'à un âge avancé.

Recettes de base

Dans cette première section, vous trouverez des recettes conçues pour personnaliser votre cuisine et lui donner encore plus de saveur. Tout d'abord, des bouillons qui rehaussent le goût des soupes et des potages, puis des sauces chaudes, ou des sauces froides à préparer au mélangeur, et, pour finir, des combinaisons d'épices que vous garderez à la portée de la main pour parfumer vos plats.

Les bouillons

Les soupes et les potages doivent beaucoup au bouillon qui les compose. Voici deux recettes de base faciles et économiques qui parfumeront votre maison, vos soupes et vos sauces.

Bouillon de poulet maison

Ce bouillon rempli de saveurs ne coûte presque rien puisqu'il est préparé avec la carcasse d'un poulet qu'on jette habituellement après en avoir extirpé les bons morceaux. Or, les os et les restes de volaille constituent une excellente base pour mitonner des sauces et des soupes express.

Préparation

- Dans une grande casserole, déposer les restes du poulet, le jus de cuisson et la sauce, s'il y en a.
- Ajouter tous les autres ingrédients et suffisamment d'eau pour recouvrir la carcasse (environ 10 tasses ou 2,5 litres).
- Porter à ébullition, assaisonner au goût, réduire le feu et laisser mijoter à couvert au moins 2 h ou toute la nuit en veillant à ce que le feu soit à la plus faible intensité.
- Laisser refroidir ce bouillon plusieurs heures (toute la nuit s'il a été fait le soir), puis filtrer.

Il se conserve plusieurs jours au réfrigérateur, recouvert de son gras. Pour l'utiliser, il suffit de retirer la couche de gras qui aura figé au frigo. Une fois dégraissé et congelé, il se conserve jusqu'à 6 mois.

Ingrédients
(6 tasses – 1,5 litre ou plus)

Les restes d'un poulet rôti (ou de toute autre volaille), c'est-à-dire la carcasse, le jus de cuisson ou la sauce, la peau et les os, y compris ceux du cou, ainsi que le cœur et les rognons mais pas le foie
1 oignon entier
1 carotte entière, brossée
1 branche de céleri avec ses feuilles
1 gousse d'ail, pelée
1 morceau de gingembre, pelé
1 bouquet de persil
1 feuille de laurier
1 c. à thé d'herbes variées (thym, basilic, origan, cerfeuil)
1 c. à soupe de concentré de tomate
Suffisamment d'eau pour recouvrir les restes du poulet
Sel et poivre au goût

Recettes de base

Suggestion : Soupe express

Ce bouillon est un extraordinaire dépanneur. Il suffit d'y ajouter quelques cuillerées de couscous (semoule de blé), des champignons tranchés, du persil, de fines lamelles de carotte, un peu de concentré de tomate ou de sauce, de porter à ébullition, et vous obtenez une soupe délicieuse en moins de 5 min.

Bouillon de légumes maison

Ce bouillon renferme de précieux nutriments qui enrichiront vos potages et vos ragoûts. Pour lui donner une touche exotique, remplacez le mélange classique d'herbes variées (thym, basilic, origan, cerfeuil) par un mélange de cumin, fenouil, cari, piment, anis étoilé et coriandre.

Ingrédients

2 c. à soupe d'huile d'olive

2 oignons, en quartiers (ou 2 poireaux, en rondelles)

2 carottes, en rondelles

1 panais, en cubes

4 branches de céleri et leurs feuilles, hachées grossièrement

1 gousse d'ail

12 tasses (3 l) d'eau

2 feuilles de laurier

1 c. à soupe d'herbes aromatiques de votre choix

1 c. à soupe de concentré de tomate

Sel et poivre au goût

Préparation

⚬ Dans une grande casserole, chauffer l'huile et y faire revenir à feu doux les oignons, les carottes, le panais, le céleri et l'ail durant 10 min.

⚬ Ajouter l'eau, les herbes et les assaisonnements, couvrir et porter à ébullition. Baisser le feu et laisser mijoter à couvert durant 1 h.

⚬ Filtrer le bouillon et jeter les légumes. Conserver au réfrigérateur, ou répartir dans des contenants et congeler.

Les sauces

Vos plats auront meilleur goût si vous préparez vous-même vos sauces. Les sauces chaudes que je propose dans cette section ne requièrent que peu de temps et d'efforts, et ajouteront leur pleine saveur à vos plats. Les sauces froides, des versions santé de mayonnaise et de pistou, agrémenteront salades, pâtes et poisson.

Sauce tomate de base

C'est la sauce polyvalente par excellence, que vous aimerez servir telle quelle sur des pâtes, des légumes, du poisson ou du riz. Les parfums de la carotte et de l'orange atténuent l'acidité de la tomate, tandis que la cuisson à couvercle entrouvert donne une consistance onctueuse. Selon les saisons et ce que vous avez sous la main, vous y ajouterez des herbes fraîches, des olives hachées, des légumes, des légumineuses, du fromage ou tout ce que vous aimez.

Préparation

- Dans une casserole, chauffer l'huile à feu moyen et y attendrir l'oignon, ajouter la carotte et cuire 2 min. Ajouter l'ail et les épices, et cuire 1 min.

- Incorporer les tomates, couvrir, porter à ébullition et cuire 30 min, le couvercle entrouvert, ce qui permet à la sauce d'épaissir lentement.

- Retirer du feu, ajouter le zeste d'orange et laisser reposer 5 min avant d'ajouter le sel.

- Goûter, rectifier l'assaisonnement et servir.

Ingrédients
(pour quatre)

2 c. à soupe d'huile d'olive
1 oignon, haché finement
1 carotte, en dés
3 gousses d'ail, hachées finement
1 c. à thé de basilic séché
½ c. à thé de mélange à chili (p. 146)
1 conserve de tomates (28 oz – 796 ml), mixées au mélangeur à main
½ c. à thé de zeste d'orange
Sel et poivre au goût

La tomate

Riche en vitamines A, B et C, la tomate contient en abondance des sels minéraux et des oligoéléments. Peu calorique, elle renferme du lycopène qui lui donne sa belle couleur rouge, une substance proche parente du bêtacarotène, dont les effets se sont montrés très efficaces pour lutter contre le cancer de la prostate. Consommée quotidiennement, crue, nature, en salade, séchée ou cuite, la tomate peut prévenir plusieurs autres types de cancer en réduisant les effets nocifs des radicaux libres.

Ratatouille

Ce plat composé de tomates, de poivrons, de courgettes et d'aubergine, lorsqu'il est parfumé aux herbes du potager, est un des régals de l'automne qui renferme plusieurs nutriments protecteurs.

Ingrédients

(pour quatre)

2 c. à soupe d'huile d'olive

1 petit poivron rouge, en dés

1 petit poivron jaune, en dés

1 oignon, haché

1 conserve de tomates (28 oz – 796 ml), mixées au mélangeur à main

1 petite aubergine, en cubes

1 courgette non pelée, en cubes

2 gousses d'ail, finement émincées

1 c. à thé d'herbes fraîches du potager, ou d'herbes séchées

½ c. à thé de graines de fenouil moulues

4 c. à soupe de feuilles de basilic frais, hachées

Sel et poivre au goût

Préparation

- Dans une casserole, attendrir l'oignon et les poivrons dans l'huile à feu moyen.
- Ajouter les tomates, les cubes d'aubergine et de courgette, l'ail et les herbes.
- Porter à ébullition, baisser le feu et laisser mijoter 30 min.
- Ajouter le basilic frais, assaisonner au goût et laisser reposer 15 min avant de servir.

Astuce gourmande

Ce plat est délicieux lorsqu'on permet aux saveurs de se développer. N'hésitez pas à faire le double de la recette, car il peut avantageusement être réchauffé et se congèle très bien.

L'aubergine

Ce beau légume à la forme opulente et à la couleur riche est tout à fait digeste et contient très peu de calories. Selon des chercheurs en alimentation, après un repas riche en gras, l'aubergine préviendrait l'augmentation des lipides et du cholestérol dans le sang.

Mayonnaise à la ricotta
(sans œufs et sans huile)

Pour les personnes allergiques aux œufs ou qui souhaitent réduire leur consommation d'huile, voici une recette simple et savoureuse pour remplacer la mayonnaise.

Ingrédients
(pour ½ tasse - 125 ml)

½ tasse (125 ml) de fromage ricotta léger
4 c. à soupe de yogourt nature faible en gras
1 c. à soupe de moutarde de Dijon
½ c. à thé d'un mélange d'herbes séchées
    (origan, basilic, menthe)
Sel et poivre au goût

Préparation

⚬ Dans un bol, réunir tous les ingrédients et fouetter au batteur électrique ou au mélangeur à main jusqu'à l'obtention d'une consistance lisse et onctueuse.

Variantes

Personnalisez cette sauce en y ajoutant les épices et les herbes de votre choix, faites-en des trempettes au cari ou au tahini, parfumez-la d'ail, de piment ou de zeste.

Mayonnaise au yogourt

Cette mayonnaise, délicieuse dans une salade de pommes de terre, est encore plus facile à réaliser. Vous pouvez l'aromatiser à votre goût d'épices et d'herbes fraîches.

Préparation

⊚ Réunir tous les ingrédients dans un bol et bien mélanger.

Variante

Pour obtenir une consistance plus proche de la mayonnaise, fouettez un jaune d'œuf avec la moutarde avant d'ajouter le yogourt et réfrigérez 24 heures avant de servir.

Ingrédients
(pour ½ tasse - 125 ml)

1 pot de yogourt nature de 6 oz (175 g), de préférence ferme *
1 c. à thé de moutarde de Dijon
1 soupçon de miel liquide
Sel et poivre au goût

* *Pour obtenir un yogourt ferme qui a la consistance d'un fromage, dans une passoire doublée d'une étamine, mettre 1 tasse (250 ml) de yogourt. Recouvrir d'une pellicule plastique et placer au frigo 3 ou 4 heures ou toute la nuit.*

Le yogourt

Le yogourt, surtout lorsqu'il est exempt d'additifs et qu'il n'est pas sucré, se révèle un aliment très bénéfique pour la santé. Il contient du calcium, du phosphore, du potassium, ainsi que des vitamines A et B. Les bactéries qu'il contient ont le pouvoir de prévenir les infections mycosiques, de stimuler les bactéries bienfaisantes et de détruire celles qui sont nocives pour l'organisme.

Les pistous

On trouve d'excellents pistous préparés dans les épiceries. Le hic, c'est qu'ils sont généralement très riches et caloriques. Voici quelques versions santé préparées avec des herbes fraîches, du bouillon et une petite quantité d'huile.

Pistou à la coriandre

La coriandre est fragile et ne se conserve que peu de temps. Pour ne pas la perdre, préparez cette exquise variante du pistou au basilic, que vous pourrez servir sur des pâtes, comme sauce à pizza ou trempette, ou encore pour garnir des potages et des ragoûts.

Préparation

- Dans un robot culinaire, hacher d'abord les pistaches et réserver.
- Dans le récipient du robot, mettre le hachis de coriandre et de persil, l'ail et le bouillon de poulet. Actionner l'appareil et mélanger.
- Ajouter l'huile de canola et mixer jusqu'à l'obtention d'une purée lisse. Si la préparation est trop épaisse, ajouter un peu de bouillon. Remettre les pistaches dans le récipient, saler et poivrer au goût, et mixer de nouveau pour obtenir la consistance désirée.

Ingrédients
(pour ½ tasse - 125 ml)

¼ tasse (60 ml) de pistaches non salées
1 tasse (250 ml) de coriandre fraîche, hachée grossièrement
1 tasse (250 ml) de persil frais, haché
3 gousses d'ail, hachées
2 c. à soupe de bouillon (pp. 131-132)
¼ tasse (60 ml) d'huile de canola
Sel et poivre au goût

Secret de cuisine

Comme le pistou ne se conserve pas longtemps, congelez les restes dans des petits contenants.

Variante trempette

Ajoutez au pistou quelques c. à soupe de yogourt et servez avec des crudités.

La coriandre

Cette plante aromatique est à la fois une herbe et une épice largement utilisée en cuisine sur tous les continents. La coriandre a gagné l'Amérique lors de la conquête espagnole et parfume agréablement plusieurs spécialités mexicaines. La plante contient de la vitamine K et plusieurs antioxydants, dont le bêtacarotène qui permet à l'organisme de lutter contre les maladies liées au vieillissement.

Pistou au basilic et aux pistaches

Ce succulent pistou, fait de basilic frais et de persil, contient moins de gras que les pistous ou pestos du commerce. Tout aussi savoureux, il a le mérite d'offrir les nutriments du persil, cette herbe précieuse aux arthritiques. Pour une sauce plus riche, ajoutez du parmesan râpé.

Ingrédients
(pour ¼ tasse - 60 ml)

1 gousse d'ail, hachée
2 c. à soupe de pistaches, hachées
½ tasse (125 ml) de persil frais, haché
½ tasse (125 ml) de feuilles de basilic, hachées
2 c. à soupe de bouillon (pp. 131-132) et un peu plus
4 c. à soupe d'huile de canola ou d'olive
Sel et poivre au goût

Préparation

⑥ Dans un robot culinaire, hacher d'abord les pistaches. Ajouter l'ail haché, le persil, le basilic et le bouillon, et réduire en purée.

⑥ Ajouter l'huile en filet, en continuant d'actionner l'appareil jusqu'à ce que le mélange soit homogène. Si la préparation semble trop épaisse, ajouter un peu de bouillon et actionner de nouveau l'appareil.

⑥ Saler, poivrer et servir.

Le basilic

Parmi les fines herbes, le basilic est probablement celle qui a connu la plus grande popularité au cours de deux dernières décennies. En plus d'apporter un goût unique aux plats qu'il parfume, il contient des acides phénoliques et des flavonoïdes qui possèdent des propriétés antioxydantes reconnues, c'est-à-dire qu'elles s'attaquent aux radicaux libres responsables de plusieurs maladies et du phénomène du vieillissement. Le basilic renferme également de l'acide romarinique, qui agit de façon synergique avec la vitamine E pour lutter efficacement contre les maladies cardiovasculaires.

Pistou d'hiver express

Durant la saison froide, il n'est pas toujours facile de trouver du basilic frais. Voici une version de pistou – en Italie, on appelle cette sauce pesto – faite avec du basilic séché, du persil frais et des pacanes dorées au four. Comme tous les pistous, on le sert sur des pâtes ou dans des potages, on l'ajoute à des sauces, on en fait des trempettes.

Préparation

- Allumer le four à 350 °F (180 °C).

- Enfourner les pacanes et les faire dorer de 5 à 10 min, jusqu'à ce qu'elles dégagent leur parfum.

- Dans un robot culinaire, hacher grossièrement les pacanes, puis les retirer. Réunir dans le récipient le persil haché, le basilic séché, les gousses d'ail et l'huile. Actionner l'appareil, incorporer les pacanes, bien mélanger, saler et poivrer. Si le mélange est trop épais, allonger avec un peu de bouillon, une cuillerée à la fois.

Ingrédients
(pour ½ tasse - 125 ml)

½ tasse (125 ml) de pacanes
1 tasse (250 ml) de persil frais, rincé
   et haché
1 c. à thé de basilic séché
2 gousses d'ail, hachées finement
¼ tasse (60 ml) d'huile d'olive
2 c. à 3 c. à soupe de bouillon
   (pp. 131-132), ou plus
Sel et poivre au goût

Recettes de base

Touche gourmande

Ajoutez au pistou 4 c. à soupe de parmesan râpé.

Le persil

Le persil, cette plante aromatique dont on ne se sert généralement que pour décorer les plats, possède nombre de propriétés thérapeutiques qui en font un aliment très recommandé pour maintenir la mobilité des articulations et les garder en santé. Riche en vitamines A et B, et surtout en vitamine C et en calcium, il est particulièrement bénéfique aux arthritiques.

Pistou à la roquette

Ce pistou, une autre sauce crue au goût inusité, relève harmonieusement les pâtes et le poisson.

Ingrédients
(pour deux)

3 c. à soupe de pacanes
1 tasse (250 ml) de feuilles de roquette, rincées et hachées
½ tasse (125 ml) de feuilles de basilic frais, rincées et hachées
2 gousses d'ail, hachées finement
2 à 3 c. à soupe de bouillon (pp. 131-132)
3 c. à soupe d'huile de canola

Préparation

- Dans un poêlon, faire dorer les pacanes à feu moyen, jusqu'à ce qu'elles dégagent leur parfum, ou les faire dorer au four (voir p. 143).

- Dans un robot culinaire, hacher grossièrement les pacanes, puis les retirer. Réunir dans le récipient les feuilles hachées de roquette et de basilic, l'ail, le bouillon puis l'huile. Actionner l'appareil, incorporer les pacanes, bien mélanger, saler et poivrer. Si le mélange est trop épais, allonger avec un peu de bouillon, une cuillerée à la fois.

L'huile de canola

C'est l'huile la plus recommandée par les diététistes en raison de sa teneur en acides gras oméga-3, très supérieure à celle de l'huile d'olive, et de ses capacités de réduire le taux de mauvais cholestérol. Elle est la moins coûteuse des huiles de première pression à froid, la plus durable, et elle résiste bien à la cuisson.

Mélanges d'épices

Préparez vous-même des mélanges d'épices qui donneront toutes leurs saveurs et de l'originalité à vos plats. Il suffit de moudre les graines dans un moulin à café que vous préférerez réserver à cet usage, car les épices l'imprégneront de leurs arômes. Une fois les graines moulues et mesurées, conservez-les dans des flacons de verre fermés, bien identifiés et datés, au sec et à l'abri de la lumière. Les saveurs continueront à se développer et donneront leur pleine mesure durant les premières semaines de l'entreposage. C'est la raison pour laquelle il vaut mieux préparer des petites quantités d'épices à la fois.

Mélange à chili

Ingrédients

½ c. à thé de poivre noir en grains
½ c. à thé de clou de girofle moulu
1 c. à thé de graines de cumin
1 c. à thé de poivre de Cayenne moulu
2 c. à thé d'origan
4 c. à thé de paprika

Préparation

⚬ Moudre les herbes et les épices au besoin, et mélanger.

⚬ Verser dans un flacon de verre et conserver au sec, à l'abri de la lumière.

Mélange cajun

Ingrédients

1 c. à thé de flocons de piment
3 c. à thé de paprika
1 c. à thé d'origan
1 c. à thé de thym
1 c. à thé de poivre noir en grains

Préparation

⚬ Moudre les herbes et les épices au besoin, et mélanger.

⚬ Verser dans un flacon de verre et conserver au sec, à l'abri de la lumière.

Mélange de cari malais

Ingrédients

2 c. à thé de graines de coriandre
2 c. à thé de graines de fenouil
1 ½ c. à thé de curcuma
1 c. à thé de graines de cumin
¾ c. à thé d'anis étoilé moulu
¾ c. à thé de cinq-poivres en grains
½ c. à thé de clou de girofle moulu
½ c. à thé de cannelle moulue
¼ c. à thé de fenugrec
¼ c. à thé de muscade moulue
¼ c. à thé de cardamome, moulue ou débarrassée de ses cosses

Préparation

⚬ Moudre les herbes et les épices au besoin, et mélanger.

⚬ Verser dans un flacon de verre et conserver au sec, à l'abri de la lumière.

Mélange indien

Ingrédients

1 c. à thé de cumin
1 c. à thé de graines de coriandre
½ c. à thé de fenugrec
1 c. à thé de curcuma
¼ c. à thé de cardamome moulue ou
   débarrassée de ses cosses
½ c. à thé de poivre de Cayenne moulu

Préparation

⚅ Moudre les herbes et les épices au besoin, et mélanger.

⚅ Verser dans un flacon de verre et conserver au sec, à l'abri de la lumière.

Mélange maghrébin

Ingrédients

1 c. à thé de graines de cumin
1 c. à thé de graines de coriandre
1 c. à thé de graines de fenouil
1 c. à thé de basilic séché
1 c. à thé de menthe séchée
¼ c. à thé de flocons de piment

Préparation

⚅ Moudre les herbes et les épices au besoin, et mélanger.

⚅ Verser dans un flacon de verre et conserver au sec, à l'abri de la lumière.

Mélange marocain

Ingrédients

2 c. à thé de graines de cumin
2 c. à thé de graines de coriandre
2 c. à thé de gingembre, moulu
1 c. à thé de mélange à chili
½ c. à thé de grains de poivre noir
½ c. à thé de curcuma
½ c. à thé de cannelle moulue
¼ c. à thé de clou de girofle moulu

Préparation

⚅ Moudre les herbes et les épices au besoin, et mélanger.

⚅ Verser dans un flacon de verre et conserver au sec, à l'abri de la lumière.

Mélange thaï

Ingrédients

2 c. à thé de graines de coriandre
2 c. à thé de graines de cumin
1 clou de girofle entier
1 anis étoilé entier
½ c. à thé de grains de poivre noir
½ c. à thé de flocons de piment
¼ c. à thé de muscade moulue

Préparation

⚅ Moudre les herbes et les épices au besoin, et mélanger.

⚅ Verser dans un flacon de verre et conserver au sec, à l'abri de la lumière.

Petits-déjeuners

Consommer un bon petit-déjeuner, c'est déterminer la place qu'occupera la nourriture dans la journée, une place de choix si l'on considère que le plaisir de manger est l'une des plus importantes préoccupations des centenaires. Mes suggestions vont dans ce sens, elles font la part belle à deux catégories d'aliments qui participent grandement aux plaisirs de la table, par ailleurs très riches en fibres et en vitamines : les fruits et les céréales.

Coupe de fruits aux amandes

Voici un bel exemple de petit-déjeuner léger, mais nutritif et équilibré. La présence de l'amande, aliment calorique mais en quantité minime ici, contribue à modérer l'appétit.

Ingrédients
(pour deux)

1 pomme ou 1 poire, en dés

1 c. à soupe de jus de citron

1 clémentine, pelée, tranchée en trois et défaite en lamelles

½ cantaloup, en bouchées

½ tasse (125 ml) de raisins rouges, tranchés en deux

1 kiwi, pelé et tranché

1 carambole, en tranches

½ c. à thé de zeste de citron

3 c. à soupe de yogourt

2 c. à soupe de sirop d'érable ou de miel

2 c. à soupe d'amandes effilées

Préparation

⊚ Dans un bol, déposer les dés de pomme ou de poire et arroser du jus de citron. Ajouter les autres fruits et mélanger.

⊚ Dans un petit bol, mélanger le yogourt avec le miel et le zeste de citron.

⊚ Verser sur les fruits, remuer et réfrigérer 1 ou 2 h.

⊚ Servir dans de jolies coupes et garnir d'amandes.

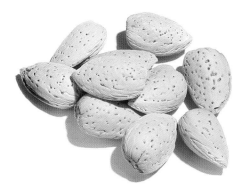

L'amande

Plusieurs recherches en alimentation ont montré que les acides gras monoinsaturés que contient l'amande aident à réduire le taux de mauvais cholestérol. De plus, grâce à sa teneur élevée en minéraux, elle montre de réels bénéfices pour la santé des os.

Petits-déjeuners à boire

Voici deux versions de repas matinaux santé pour gens pressés. La première plaira aux becs sucrés, la seconde comblera les appétits plus robustes. Toutes deux fournissent des fibres en abondance et constituent des bases solides pour commencer la journée en douceur.

Ingrédients
(pour deux)

1 tasse (250 ml) de lait de soja à la vanille
1 banane, pelée
2 kiwis, pelés
1 c. à soupe de sirop d'érable

Et voici la version que l'éditeur des Éditions Cardinal se fait chaque matin
(pour deux)

1 tasse (250 ml) de lait de soja non sucré
1 poire non pelée, en morceaux
1 pomme non pelée, en morceaux
½ avocat, pelé et taillé en bouchées
1 carotte, en morceaux

Préparation

◎ Dans un mélangeur, réunir tous les ingrédients et mixer.

Les fruits

Les fruits sont acides, et les glucides qu'ils contiennent stimulent et retardent la digestion. C'est pourquoi ils fermentent lorsqu'on les consomme à la fin d'un repas. Par conséquent, on conseille aux personnes qui ont des ballonnements ou des gaz de les consommer peu avant de manger ou entre les repas. Cependant, comme ils ne produisent jamais de molécules toxiques ou dangereuses pour la santé, toutes les personnes qui les tolèrent bien à la fin d'un repas n'ont pas de raison de changer leurs habitudes.

Mélange de céréales au sirop d'érable

Les mélanges de céréales sont aussi nutritifs que délicieux et ils se conservent aisément. Vous pouvez varier les grains avec ce que vous avez dans vos armoire et ajouter des fruits frais juste avant de servir. Comme ils sont très caloriques, consommez-les en petites quantités à la fois.

Préparation

◎ Allumer le four à 350 °F (180 °C).

◎ Dans un grand plat allant au four ou une lèchefrite à revêtement antiadhésif, mélanger tous les ingrédients secs.

◎ Chauffer le sirop d'érable et l'huile très légèrement (20 sec au micro-ondes suffisent).

◎ Verser sur les ingrédients secs, bien mélanger et enfourner.

◎ Cuire une vingtaine de minutes en mélangeant à mi-cuisson.

◎ Laisser tiédir et servir avec du lait végétal (de riz ou de soja).

Se conserve jusqu'à trois mois au réfrigérateur dans des pots hermétiquement fermés.

Ingrédients

1 ½ tasse (375 ml) de flocons d'avoine (à cuisson régulière)

1 ½ tasse (375 ml) de flocons multi-grains

½ tasse (125 ml) d'amandes émincées

½ tasse (125 ml) de noix de coco, râpée

½ tasse (125 ml) de graines de tournesol

¼ tasse (60 ml) de germe de blé

¼ tasse (60 ml) de graines de sésame

¼ tasse (60 ml) de sirop d'érable (60 ml)

¼ tasse (60 ml) d'huile de canola

La graine de sésame

C'est sa teneur en zinc qui rend intéressante la graine de sésame, le zinc jouant un rôle dans les défenses immunitaires en participant à la production de lymphocytes T. Les chercheurs ont constaté qu'une légère carence en zinc pouvait diminuer les protections immunitaires et causer diverses infections. Associé à la vitamine C, le zinc est encore plus efficace dans la prévention et le traitement des refroidissements et des infections.

Flocons de quinoa aux pommes

Cette recette de flocons crus constitue un déjeuner nutritif et une base savoureuse à laquelle vous aimerez ajouter vos fruits préférés. Vous pouvez remplacer le quinoa par d'autres flocons, avoine, sarrasin ou autre. Se prépare la veille.

Ingrédients
(pour deux)

⅓ tasse (75 ml) de flocons de quinoa
⅓ tasse (75 ml) de lait de soja
⅓ tasse (75 ml) de yogourt nature faible en gras
2 c. à soupe de cassonade
2 c. à thé de graines de lin moulues
¼ c. à thé de cannelle
Une pincée de muscade
1 pomme, en dés
1 c. à thé de jus de citron
¼ tasse (60 ml) de fraises, framboises ou bleuets.

Préparation

⚜ Dans un plat muni d'un couvercle, réunir tous les ingrédients sauf les petits fruits.

⚜ Couvrir et réfrigérer durant une nuit.

⚜ Au matin, verser dans deux jolies coupes et garnir de fraises, de framboises ou de bleuets.

Variante

Omettez la cassonade et la cannelle, et remplacez la pomme arrosée de jus de citron par votre compote préférée; garnissez de raisins ou de tranches de kiwi.

Le quinoa

Le quinoa possède une forte teneur en protéines et contient tous les acides aminés essentiels au bon fonctionnement de l'organisme, en particulier les acides aminés soufrés, lesquels sont rares dans les protéines végétales. Le quinoa est également une bonne source de fer, de magnésium, de phosphore, de potassium, et contient presque toutes les vitamines du groupe B. Faible en sodium, il ne contient pas de gluten.

Muffins au panais

Le panais, ce bon légume que l'on a tendance à ignorer, vient ajouter sa saveur fine et sucrée à ces muffins aux flocons d'avoine.

Ingrédients
(pour douze muffins)

1 tasse (250 ml) de flocons d'avoine à
   cuisson rapide
1 tasse (250 ml) de lait de soja sans sucre
1 c. à thé de jus de citron
1 œuf battu
½ tasse (125 ml) de panais, râpé
   (la moitié d'un gros panais)
¼ tasse (60 ml) de cassonade
¼ tasse (60 ml) d'huile de canola
½ c. à thé de zeste d'orange
⅛ c. à thé de muscade
1 tasse (250 ml) de farine de blé entier
¼ tasse (60 ml) de sucre
¼ c. à thé de sel
1 c. à soupe de levure chimique
   (poudre à pâte)
½ c. à thé de bicarbonate de soude

Préparation

◉ La cuisson se fait dans un four à 350 °F (180 °C).

◉ Dans un bol, réunir les flocons d'avoine, le lait de soja et le jus de citron. Couvrir et réfrigérer au moins 2 h ou toute la nuit.

◉ Dans un bol, réunir l'œuf, le panais, la cassonade, l'huile, le zeste d'orange et la muscade. Combiner cette préparation et celle des flocons d'avoine.

◉ Dans un autre bol, mélanger soigneusement la farine, le sucre, le sel, la levure et le bicarbonate de manière qu'il ne reste plus de grumeaux. Ajouter ces ingrédients à la préparation liquide sans trop mélanger, juste pour humecter.

◉ Remplir presque à ras bord des moules à muffin préalablement enduits de margarine et enfourner. Cuire de 35 à 40 min.

◉ Laisser reposer 5 min avant de démouler.

Le panais

Cousine de la carotte et du persil, cette plante potagère possède plus d'atouts que son aspect le laisse soupçonner. Peu calorique et très nutritif, riche en sels minéraux et en fibres insolubles, le panais est un aliment tout désigné pour les personnes souffrant d'embonpoint.

Muffins au sarrasin et à la courgette

Si vous aimez les galettes de sarrasin, vous raffolerez de ces muffins pas trop sucrés.

Préparation

☺ Allumer le four à 350°F (180°C).

☺ Dans un bol, réunir les ingrédients secs et bien mélanger.

☺ Dans un autre bol, battre l'œuf à la fourchette, ajouter l'huile, le lait de soja, la courgette et les graines de tournesol.

☺ Réunir les deux préparations et mélanger, mais pas trop, juste pour humecter.

☺ Verser dans des moules à muffin préalablement enduits de margarine.

☺ Cuire au four environ de 20 à 25 min ou jusqu'à ce qu'un cure-dents piqué dans un muffin en ressorte propre et sec.

Ingrédients
(pour neuf muffins)

¾ tasse (180 ml) de farine de sarrasin
⅓ tasse (75 ml) de sucre
½ c.à thé (2 ml) de bicarbonate de soude
½ c. à thé de levure chimique
⅛ c. à thé de muscade
Une pincée de sel
1 œuf
⅓ tasse (75 ml) d'huile de canola
¼ tasse (60 ml) de lait de soja (ou d'un autre lait)
¾ tasse (180 ml) de courgette, râpée
¼ tasse (60 ml) de graines de tournesol

La courgette

La courgette contient des flavonoïdes, principalement de la rutine, un composé ayant des effets antioxydants sur l'organisme. Elle renferme également de vitamines et des minéraux en abondance, ainsi que des caroténoïdes dont les effets sont reconnus pour lutter contre le stress oxydatif et protéger la vision.

Omelette aux pommes

Amateurs de crêpes, vous apprécierez cette omelette qui en a la consistance, agrémentée ici du bon goût des pommes et du sarrasin.

Ingrédients
(pour deux)

1 ½ c. à soupe de margarine non hydro-génée

2 petites pommes, tranchées finement

¼ c. à thé de cannelle

Une pincée de muscade

3 œufs, battus

1 c. à soupe de sucre

½ c. à thé d'essence de vanille

¼ tasse (60 ml) de lait de soja

2 c. à soupe de farine de sarrasin

Préparation

⚅ Allumer le four à 425 °F (220 °C).

⚅ Dans un poêlon à revêtement antiadhé-sif allant au four de 8 po (20 cm), faire fondre la margarine en tournant le poê-lon de tous les côtés pour bien l'enrober de matière grasse.

⚅ Dans le poêlon, mettre les tranches de pomme et la cassonade, saupoudrer de muscade et de cannelle, et cuire 7 min à feu moyen-doux.

⚅ Pendant ce temps, battre les œufs avec le sucre et l'essence de vanille. Ajouter le lait et la farine, et continuer de battre.

⚅ Verser cette pâte sur les pommes, cuire 1 min, puis enfourner le poêlon.

⚅ Cuire au four de 5 à 7 min ou jusqu'à ce que l'omelette soit sèche sur le dessus.

⚅ Retirer du four, couper en pointes et servir.

La pomme

Le dicton selon lequel une pomme par jour éloignerait le médecin est toujours vrai, à condition que l'on croque la pomme avec sa pelure, qui renferme la plupart de ses ver-tus thérapeutiques. Une pomme mangée chaque matin à jeun serait le meilleur des dépuratifs. Consommée chaque soir au coucher, elle combat efficacement la constipa-tion. Peu calorique, la pomme constitue une collation de choix pour les personnes qui désirent maintenir leur poids santé.

Compote de poires et de kiwis

Les kiwis donnent une jolie couleur et une saveur unique à cette compote que vient agrémenter un soupçon de vanille.

Ingrédients

(pour 4 oz - 125 ml)

6 c. à soupe de cassonade
Le jus de 1 clémentine
2 poires, pelées et coupées en dés
2 kiwis, pelés et coupés en dés
Sirop d'érable ou miel, au goût
½ gousse de vanille

Préparation

⚬ Dans une casserole, réunir la cassonade et le jus de clémentine, porter à ébullition, réduire le feu et laisser mijoter 5 min très doucement.

⚬ Déposer les dés de fruits et laisser bouillonner encore 15 min.

⚬ Goûter, ajouter du sirop d'érable ou du miel au goût et la vanille.

⚬ À l'aide d'un presse-purée, écraser les fruits en laissant des morceaux.

⚬ Verser dans un flacon et réfrigérer.

Secret de cuisine

Les compotes ont au moins un avantage santé sur les confitures : elles ne requièrent que peu de sucre. Et pour la cuisinière paresseuse que je suis, nul besoin de stériliser les pots. Il est vrai qu'elles ne se conservent qu'une semaine au réfrigérateur, mais plusieurs mois au congélateur.

Le kiwi

La chair du kiwi, d'un vert émeraude translucide au goût légèrement acidulé, regorge de vitamine C. Faible en gras et en sodium, le kiwi est bien pourvu en potassium, ce qui en fait un aliment santé incontestable. Parmi tous les fruits, le kiwi est celui qui présente la plus forte densité d'éléments nutritifs.

Compote de fruits à la betterave

Mon amie Marie est une adoratrice de la betterave, elle dit que c'est un aliment qui lui fait du bien. Je suis tout à fait d'accord avec elle. Voici une petite recette qu'elle m'a inspirée. Vous pouvez la servir sur votre pain grillé du matin ou, comme Marie, pour accompagner des grillades, par exemple des pilons de poulet rôtis au four.

Préparation

⊚ Dans une casserole à fond épais, réunir la betterave râpée, les dés de pomme et de poire, ainsi que le sucre. Ne pas ajouter d'eau ou de jus, les fruits feront leur propre jus.

⊚ Chauffer à feu moyen-doux en remuant à la cuillère de bois et laisser bouillonner doucement de 20 à 30 min ou jusqu'à la consistance désirée.

⊚ À la fin de la cuisson, écraser les dés de fruits à la cuillère ou à l'aide d'un presse-purée.

Ingrédients
(pour 1 ¼ tasse – 310 ml)

1 betterave moyenne, pelée et râpée
1 pomme, pelée et détaillée en dés
1 poire, pelée et détaillée en dés
¼ tasse (60 ml) de sucre

La betterave

Riche en potassium et en fer, la betterave constitue une bonne source d'acide folique, une vitamine du groupe B qui favorise le développement des globules rouges. Sa belle couleur lui vient de la bétanine, une substance qui n'est pas métabolisée par le système digestif et qui colore l'urine.

Flocons d'avoine au cacao

Pour un petit-déjeuner du dimanche, vous aimerez servir ces flocons d'avoine chocolatés.

Ingrédients
(pour deux)

1 tasse (250 ml) de lait de soja sans sucre
½ tasse (250 ml) de flocons d'avoine
1 c. à soupe de sucre
1 c. à soupe de cacao de bonne qualité

Préparation

- Dans une casserole, mettre le lait de soja, ajouter les flocons d'avoine et chauffer très doucement sans faire bouillir pendant 10 min environ.

- À la fin de la cuisson, ajouter le sucre et le cacao préalablement dilué dans un peu de lait de soja.

Le cacao

Le cacao contient du phosphore, un minéral favorisant la santé des os. C'est l'un des aliments les plus riches en flavonoïdes, lesquels ont des effets protecteurs contre les maladies cardiovasculaires. Toutefois, pour profiter de leurs bienfaits, il vaut mieux ne pas consommer le cacao ou le chocolat avec des produits laitiers. C'est pourquoi je recommande de ne les mélanger qu'avec un lait végétal, lait de soja ou de riz.

Entrées

Pour se mettre en appétit, rien ne vaut un plat léger composé de légumes et de fruits. Les recettes de cette section les mettent à l'honneur. Toutefois j'ai inclus volontairement des plats plus caloriques qui offrent des combinaisons intéressantes dans la composition de repas légers. Par exemple, des crostinis aux champignons et un taboulé aux ananas forment un duo intéressant et équilibré, tout comme une salade de moules précédée d'artichauts farcis.

Salade de pamplemousse et d'avocat

L'acidité du pamplemousse et l'onctuosité de l'avocat forment ici un mariage de goûts auquel viennent s'ajouter la douceur du cantaloup et le parfum du cresson. Une salade fraîcheur tonifiante et savoureuse à servir en toutes saisons.

Ingrédients
(pour quatre)

2 pamplemousses, pelés, défaits en quartiers, les membranes blanches soigneusement enlevées
1 avocat, en bouchées
1 cantaloup, en bouchées
2 échalotes sèches, hachées finement
2 c. à soupe d'huile d'olive
1 botte de cresson, rincée
Sel et poivre au goût
Feuilles de coriandre fraîche

Préparation

⚬ Dans un saladier, réunir tous les ingrédients.

⚬ Servir chaque portion, garnie de feuilles de coriandre.

Variante douceur

Servez cette entrée à la fin d'un repas riche en gras, elle remplacera avantageusement le dessert. Omettez l'huile d'olive et l'échalote, ajoutez ½ c. à thé de vanille et quelques feuilles de menthe fraîches.

Le pamplemousse

À l'instar des autres agrumes, le pamplemousse est riche en vitamines A et C et en sels minéraux, mais il contient aussi des substances qui lui sont propres et qui contribuent à diminuer les risques de maladies cardiovasculaires et de cancers. Des recherches ont par ailleurs révélé que la pectine qu'il renferme annule les effets néfastes d'une alimentation trop riche en gras.

Entrées

164

Salade de céleri-rave

Préparée avec du céleri-rave en conserve, cette salade express constitue une entrée rafraîchissante.

Ingrédients
(pour deux)

1 tasse (250 ml) de céleri-rave en conserve, soigneusement rincé et égoutté

1 carotte, râpée ou taillée en fines juliennes

2 c. à soupe de yogourt

1 c. à soupe de tahini (pâte de sésame)

1 c. à thé de moutarde à l'ancienne

1 c. à thé de jus de citron frais

½ c. à thé de zeste de citron

2 c. à soupe de persil, haché finement

Sel et poivre au goût

Préparation

◦ Dans un saladier, réunir le céleri-rave et la carotte.

◦ Dans un petit bol, rassembler tous les autres ingrédients et bien mélanger.

◦ Verser sur les légumes et mélanger délicatement.

◦ Servir sur des nids de salade.

Le céleri-rave

Tout comme le céleri en branches, le céleri-rave est un légume-racine riche en fibres, en potassium et en vitamine C. Son aspect est très différent de son cousin, sa forme s'apparentant davantage à un rutabaga. Sa saveur en est aussi très éloignée, elle est piquante et beaucoup plus prononcée que celle du céleri en branches. Comme le céleri-rave se conserve aisément, il constitue un bon légume d'hiver qu'on ajoute avec bonheur aux potages, aux ragoûts et aux purées.

Entrées

Salade de légumes-racines

Le panais et la carotte sont ici rehaussés d'une vinaigrettes au cari et à l'orange. Un délice santé qui peut aussi accompagner les grillades de poisson ou de poulet.

Préparation

⚬ Dans un saladier, réunir les légumes.

⚬ Dans un petit bol, réunir l'huile, le vinaigre de riz, le cari et le zeste d'orange. Fouetter, verser sur les légumes, bien mélanger et réfrigérer 30 min avant de servir.

Variante cuite

⚬ Couper les légumes en bâtonnets.

⚬ Dans une casserole d'eau bouillante, cuire les bâtonnets de légumes 10 min ou jusqu'à ce qu'ils soient *al dente*. Les passer sous l'eau froide

⚬ Terminer la préparation comme dans la recette précédente.

Ingrédients
(pour quatre)

2 carottes, en fines juliennes ou râpées *
2 panais, en fines juliennes ou râpées *
1 courgette, en fines juliennes ou râpées *
4 c. à soupe d'huile de canola
1 c. à soupe de vinaigre de riz
1 c. à thé de poudre de cari
½ c. à thé de zeste d'orange, râpé
Sel et poivre au goût

* *Si vous possédez une mandoline ou un éminceur en spirale pour tailler les légumes en filaments, l'apparence et la texture seront encore plus attrayantes.*

Entrées

Le panais

Riche en sels minéraux et en fibres insolubles, le panais est un aliment tout désigné pour les personnes qui désirent perdre du poids. Sa saveur au goût subtil ajoute de la personnalité aux potages, aux ragoûts et aux purées.

Salade de moules à l'orientale

Cette recette constitue une entrée de réception originale, mais peut aussi faire un agréable repas pour deux.

Ingrédients
(pour quatre)

2 lb (908 g) de moules fraîches, grattées, ébarbées et rincées

½ tasse (125 ml) de vin blanc sec

4 c. à soupe d'huile de canola

1 c. à soupe d'huile de sésame

1 c. à soupe de vinaigre de riz

¼ c. à thé de sauce au piment

¼ c. à thé de miel

Sel et poivre au goût

3 oignons verts, émincés

2 petits pak-choïs, hachés finement

¼ tasse de daïkon, en tranches fines

½ poivron rouge, en dés

1 carotte, tranchée en fines lanières à l'économe

4 c. à soupe de graines de sésame

Préparation

- Dans une grande casserole, cuire les moules dans le vin blanc jusqu'à ce qu'elles soient toutes ouvertes. Égoutter en réservant le jus de cuisson pour un autre usage, soupe ou sauce.

- Découquiller les moules, les laisser refroidir, puis les transférer dans un saladier.

- Dans un petit bol, réunir l'huile de canola, l'huile de sésame, le vinaigre de riz, la sauce au piment et le miel. Mélanger au fouet, saler et poivrer.

- Dans le saladier, ajouter les oignons verts, les pak-choïs émincés et les tranches de daïkon, les dés de poivron et les lanières de carotte.

- Arroser de la vinaigrette, bien mélanger et garnir de graines de sésame au moment de servir.

La moule

Riche en calcium, la moule contient en outre plusieurs minéraux, phosphore, fer, zinc, sélénium, cuivre, ainsi que des vitamines du groupe B. Comme tous les fruits de mer, sa teneur en antioxydants la rend précieuse pour lutter contre les radicaux libres dont les effets sont très néfastes sur l'organisme.

Entrées

Salade de betteraves et de courgettes

Parfumée au gingembre, à l'orange et à la coriandre, cette salade toute simple marie avec bonheur les couleurs, les parfums et les bienfaits de ces légumes peu caloriques.

Ingrédients
(pour quatre)

2 betteraves moyennes crues, râpées
2 courgettes moyennes crues non pelées, en dés très fins
2 c. à thé de vinaigre de riz
4 c. à soupe d'huile de canola
1 c. à soupe de gingembre frais, finement haché
1 c. à thé de zeste d'orange
4 c. à soupe de feuilles de coriandre
Sel et poivre au goût
Feuilles de salade pour servir

Préparation

◎ Dans un petit bol, rassembler les ingrédients de la vinaigrette et fouetter.

◎ Dans un saladier, réunir les betteraves et les courgettes. Napper de la vinaigrette, garnir des feuilles de coriandre et bien mélanger.

◎ Servir sur des nids de jeunes épinards ou de roquette.

La betterave

Riche en potassium et en fer, la betterave constitue une bonne source d'acide folique, une vitamine du groupe B qui favorise le développement des globules rouges. Sa belle couleur lui vient de la bétanine, une substance qui n'est pas métabolisée par le système digestif et qui colore l'urine.

Entrées

Salade croquante aux pommes

Voici deux versions d'une même salade, l'une parfumée au cari, l'autre à l'orientale.
Toutes deux, légèrement sucrées, sont de délicieuses façons de manger des légumes.

Préparation

- Dans un bol, réunir les dés de pomme, de céleri et de courgette, les fines lanières de carotte et les pois mange-tout.
- Dans un petit bol, fouetter les ingrédients de la vinaigrette de votre choix.
- Verser cette sauce sur la préparation de pommes et bien mélanger.
- Dans quatre jolies coupes, disposer les feuilles de salade, garnir du mélange aux pommes et des amandes dorées au four.

L'amande

L'amande, une source de vitamine E et de magnésium, est riche en protéines et en fibres. Elle contient en outre du potassium, du calcium, du phosphore, du fer et des matières grasses monoinsaturées qui favorisent la santé cardiaque.

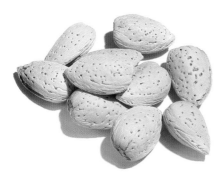

Ingrédients
(pour quatre)

2 pommes, en dés
2 petites branches de céleri, en dés
1 courgette non pelée, en dés
1 petite carotte, tranchée en fines lanières
    à l'économe
1 tasse (250 ml) de pois mange-tout, cuits
    à la vapeur
2 tasses (500 ml) de feuilles de salade
    mélangées, rincées et égouttées
½ tasse d'amandes effilées, dorées au four
    (5 min à 325 °F)

Vinaigrette au cari

1 c. à soupe de sirop d'érable
1 c. à soupe de vinaigre de riz
4 c. à soupe d'huile de canola
1 c. à thé de poudre de cari
½ c. à thé de zeste d'orange
Sel et poivre au goût

Vinaigrette à l'orientale

1 c. à soupe de miel
1 c. à soupe de vinaigre de riz
1 c. à thé d'huile de sésame
3 c. à soupe d'huile de canola
½ c. à thé de cinq-épices chinoises

Entrées

Plusieurs recherches en alimentation ont montré que les acides gras monoinsaturés que contient l'amande aident à réduire le taux de mauvais cholestérol. De plus, grâce à sa teneur élevée en minéraux, elle montre de réels bénéfices pour la santé des os.

Artichauts farcis

Cuits au micro-ondes, les artichauts se préparent rapidement et font une entrée saine et remplie de saveurs.

Ingrédients

(pour quatre)

4 gros artichauts, rincés, la partie supérieure et la tige coupées
2 c. à soupe de jus de citron
2 c. à soupe d'huile d'olive
3 gousses d'ail, hachées finement
1 barquette de tomates cerises, tranchées
Sel et poivre au goût
4 c. à soupe de persil frais, haché
2 c. à soupe de basilic frais
2 c. à soupe de parmesan
2 c. à soupe de pignons

Variante aux champignons

Remplacez les tomates cerises par une barquette de champignons hachés finement.

Préparation

⑥ Dans une assiette à tarte allant au micro-ondes, déposer les artichauts, verser ¼ tasse (60 ml) d'eau froide et 2 c. à soupe de jus de citron, recouvrir d'une pellicule plastique, enfourner et cuire de 12 à 15 min.

⑥ Retirer du four, enlever la pellicule plastique et laisser tiédir.

⑥ Pendant ce temps, dans un poêlon, chauffer l'huile à feu moyen-doux, et y faire revenir l'ail et les tranches de tomate 5 min ou jusqu'à ce qu'elles soient fondantes sans être colorées. Saler, poivrer et réserver.

⑥ Lorsque les artichauts sont tièdes, ouvrir les feuilles du centre et, à l'aide d'une petite cuillère, retirer le foin qui recouvre le cœur de l'artichaut en prenant soin de ne pas abîmer celui-ci.

⑥ Farcir chaque cavité avec la préparation de tomate, garnir du mélange de persil, de basilic, de parmesan et de pignons.

⑥ Placer les artichauts dans un plat à gratin et passer sous le gril moyen-chaud 2 min.

⑥ Servir avec des tranches de baguette de pain croustillant.

L'artichaut

Pauvre en matières grasses, l'artichaut est une bonne source de fibres, mais il est plus riche en sodium que la plupart des fruits et des légumes. Il contient par ailleurs de l'acide folique, du magnésium et du potassium.

Canapés de poisson à l'indienne

Pour accompagner des crudités ou une salade avant un repas léger, cette tartinade remporte toujours un franc succès.

Ingrédients
(pour quatre)

1 conserve de 3 oz (85 g) de harengs au naturel

1 c. à thé de cari malais (p. 146)

3 c. à soupe de yogourt nature

1 c. à thé de mayonnaise légère ou à la ricotta (p. 138)

½ c. à thé de zeste de citron

2 c. à soupe de brindilles d'aneth, de ciboulette ou de persil, pour garnir

Des endives, des tranches de concombre ou de courgette, ou des craquelins pour servir

Poivre au goût

Préparation

ᶜ Dans un petit bol, écraser le hareng à la fourchette avec le yogourt, la mayonnaise et le cari malais. Bien mélanger et réfrigérer 30 min.

ᶜ Ajouter le zeste de citron, bien mélanger, et garnir de brindilles d'aneth, de ciboulette ou de persil. Le hareng contenant une forte dose de sodium, il ne faut surtout pas le saler.

ᶜ Garnir de cette préparation des endives ou en tartiner des tranches de concombre ou de courgette, ou, si vous préférez, des craquelins de blé.

Le hareng

Le hareng est l'un des poissons les mieux pourvus en acides gras oméga-3 avec la sardine, la truite, le thon, le maquereau et le saumon. Les oméga-3, on le sait, sont de précieux nutriments qui favorisent un bon fonctionnement immunitaire, circulatoire et hormonal.

Variantes

Remplacez le hareng par des sardines ou du maquereau en conserve, deux poissons très riches en acides gras oméga-3.

Saumon cru mariné à la thaïe

Amateurs de sushis, vous aimerez cette recette de poisson cru finement épicé qui ne requiert que peu de préparation.

Préparation

- Hacher finement le saumon au couteau et mettre dans un bol.
- Dans ce bol, réunir tous les ingrédients et bien mélanger.
- Tasser la préparation dans deux petits ramequins, couvrir d'une pellicule plastique et réfrigérer 6 h.
- Mélanger les ingrédients de la sauce au citron.
- Servir sur un lit de salade, entouré de crudités.

Le saumon

Bien pourvu en acides gras oméga-3, le saumon possède des propriétés anti-inflammatoires reconnues. Il est également riche en vitamine D, qui participe à la formation des os et à leur maintien.

Ingrédients
(pour deux)

1 filet de saumon cru de 7 oz (200 g) environ, la peau retirée
1 c. à soupe de gingembre frais, haché très finement
¼ c. à thé de sucre
¼ c. à thé de zeste de citron
¼ c. à thé de zeste de limette
¼ c. à thé de sauce au piment
¼ c. à thé de poivre noir, fraîchement moulu
¼ c. à thé de mélange thaï (p. 148)
2 c. à thé de jus de limette
2 c. à thé d'huile de canola
1 c. à soupe de feuilles de coriandre fraîches (ou persil frais), hachées très finement
Sel au goût

Sauce au yogourt
et au citron

½ tasse (15 ml) de yogourt
1 c. à soupe de jus de citron
Le zeste de 1 citron
Un soupçon de miel
Sel et poivre au goût

Entrées

Crostinis aux champignons

Si vous n'avez pas le temps de préparer une entrée, cette recette hyper rapide vous dépannera. Vous pouvez aussi en faire un repas avec une bonne salade.

Entrées

Ingrédients

(pour quatre - 3 tranches par portion)

8 champignons moyens, brossés et hachés finement (env. 1 tasse - 250 ml)
2 gousses d'ail, hachées finement
½ c. à thé de zeste de citron
¼ c. à thé d'herbes salées (ou d'herbes séchées plus un peu de sel)
2 c. à soupe rases de margarine non hydrogénée
Poivre au goût
12 fines tranches de baguette de pain

Préparation

◦ Dans un petit bol, réunir le hachis de champignons, l'ail, le zeste de citron, les herbes et la margarine, et bien mélanger. Goûter, saler au besoin, poivrer généreusement.

◦ Faire griller les tranches de baguette des deux côtés.

◦ Déposer les tranches sur une plaque à cuisson, tartiner de la préparation aux champignons et passer sous le gril du four 3 min. Servir.

Variante d'été : bruschetta

Ingrédients

2 tomates moyennes, épépinées et taillées en dés
2 gousses d'ail, hachées finement
20 feuilles de basilic frais, hachées finement
4 c. à soupe d'huile d'olive
Sel et poivre au goût
16 fines tranches de baguette de pain

Préparation

◦ Dans un bol, réunir les tomates, l'ail, le basilic et l'huile d'olive. Bien mélanger. Saler et poivrer, et laisser reposer 1 h à la température de la pièce.

◦ Au moment de servir, faire griller les tranches de baguette des deux côtés.

◦ Égoutter la préparation de tomate et la servir dans un petit bol, à côté d'une assiette garnie de pain grillé. Laisser les convives faire eux-mêmes leur tartinade.

Terrine de champignons aux pois chiches

Voici une entrée parfumée qui, grâce à son mélange subtil d'épices, vous fera oublier qu'elle ne contient pas de viande. Servez-la à la place d'un pâté de campagne, vos invités seront surpris... et ravis.

Préparation

⑥ Allumer le four à 350 °F (180 °C).

⑥ Dans un poêlon, faire fondre la margarine et y cuire 5 min les champignons, l'échalote et le poivron rouge. Ajouter l'ail, le zeste et les épices, et cuire 1 min. Laisser tiédir.

⑥ Dans un robot culinaire, réunir les pois chiches, le mélange aux champignons et la chapelure. Réduire en purée. Ajouter l'œuf battu, les graines de tournesol, le sel et le poivre, et bien mélanger.

⑥ Verser cette préparation dans un petit moule à terrine de 3 tasses (750 ml) badigeonné de margarine non hydrogénée et cuire 30 min.

⑥ Laisser refroidir et couper en tranches.

⑥ Servir avec une salade et une baguette croustillante.

Ingrédients
(pour six et plus)

2 c. à soupe de margarine non hydrogénée
1 barquette de 8 oz (227 g) de champignons, hachés
1 échalote sèche, hachée
½ poivron rouge, en dés
1 gousse d'ail, hachée finement
½ c. à thé de zeste d'orange, râpé
1 c. à thé de mélange maghrébin (p. 147)
1 tasse (250 ml) de pois chiches en conserve, rincés
½ tasse (125 ml) de chapelure (de préférence, un mélange de pain sec et de noix)
1 œuf, battu
½ tasse (125 ml) de graines de tournesol non salées
Sel et poivre au goût

Entrées

Le pois chiche

Le pois chiche est une légumineuse parmi les plus courantes. Riches en protéines, ils contiennent également des fibres en abondance qui protègent contre les maladies cardiovasculaires et pourraient avoir un effet bénéfique dans la prévention de certains cancers.

Taboulé à l'ananas

Cette salade légère et apéritive est parfumée à l'orange et à la vanille. Malgré sa simplicité, elle fait une entrée originale qui se démarque par le mélange harmonieux des saveurs.

Ingrédients
(pour quatre)

½ tasse (125 ml) de couscous (semoule)
½ tasse (125 ml) d'eau
1 tasse (250 ml) de persil frais, haché finement
2 tranches d'ananas frais, en dés
2 tranches de poivron rouge, en dés très fins
1 petit oignon rouge, en tranches fines
½ c. à thé de zeste d'orange
2 c. à soupe de jus d'orange
1 c. à soupe de vinaigre balsamique
4 c. à soupe d'huile d'olive
¼ c. à thé d'essence de vanille
Sel et poivre au goût
Feuilles de menthe fraîche

Préparation

⊚ Pour cuire le couscous, faire bouillir l'eau, y verser la semoule, porter à ébullition, retirer du feu et laisser reposer 5 min à couvert.

⊚ Séparer les grains à la fourchette et laisser tiédir.

⊚ Dans un saladier, réunir tous les autres ingrédients sauf la menthe fraîche, ajouter le couscous et bien mélanger.

⊚ Servir chaque portion, garnie de feuilles de menthe.

L'ananas

Ce délicieux fruit exotique contient de la vitamine C, du bêtacarotène, du potassium, du manganèse, un minéral aux propriétés encore méconnues, et renferme de la broméline, une enzyme pouvant décomposer les protéines, favoriser la digestion et soulager des douleurs arthritiques. L'ananas permet en outre de réduire les brûlures d'estomac qui résultent souvent de mauvaises habitudes alimentaires comme manger trop vite et mastiquer trop peu.

Trempette aux haricots blancs

Pour agrémenter légumes et fruits crus, voici une trempette délicieuse qui fournit son lot de fibres et de protéines.

Ingrédients
(pour quatre et plus)

1 tasse (250 ml) de petits haricots blancs en conserve, rincés et égouttés

2 c. à soupe de yogourt

1 petite échalote sèche, hachée finement (facultatif)

½ tasse (125 ml) de feuilles de roquette, rincées et asséchées

½ c. à thé de zeste de citron, râpé

1 c. à thé de jus de citron frais

Sel et poivre au goût

Préparation

๑ Dans un robot culinaire, réunir tous les ingrédients et mélanger jusqu'à l'obtention d'une consistance lisse et crémeuse.

Le yogourt

Lorsqu'il est exempt d'additifs et qu'il n'est pas sucré, le yogourt se révèle un aliment très bénéfique pour la santé. Il contient du calcium, du phosphore, du potassium, ainsi que des vitamines A et B. Les bactéries qu'il contient ont le pouvoir de prévenir les infections mycosiques, de stimuler les bactéries bienfaisantes et de détruire celles qui sont nocives pour l'organisme.

Entrées

Trempette au miso

Cette sauce froide remplace avantageusement une vinaigrette dans une salade et fait une délicieuse trempette pour accompagner des légumes crus.

Préparation

◉ Dans un petit bol, réunir tous les ingrédients et bien mélanger.

◉ Servir avec des crudités.

Ingrédients
(pour quatre)

2 c. à soupe de miso
1 c. à thé de moutarde de Dijon
1 c. à thé de jus de citron
½ c. à thé de zeste de citron
⅓ tasse (75 ml) de yogourt ferme*

Pour obtenir un yogourt ferme qui a la consistance d'un fromage, dans une passoire doublée d'une étamine, mettre 1 tasse (250 ml) de yogourt. Recouvrir d'une pellicule plastique et placer au frigo 3 ou 4 heures ou toute la nuit.

Entrées

Le miso

Cette préparation qui gagne en popularité en Occident est une pâte de soja fermentée qu'on utilise abondamment dans la cuisine asiatique. Le miso agrémente les sauces, les trempettes et les soupes ou se consomme tel quel tout simplement dilué dans une tasse d'eau chaude. C'est un excellent stimulant naturel qui ne procure aucun des effets nocifs du café.

Flans aux rapinis

Servez cette petite entrée au fromage avant un plat de poisson et de légumes, vous obtiendrez un repas équilibré et savoureux.

Ingrédients

(pour quatre)

½ tasse (125 ml) de ricotta
1 œuf
4 c. à soupe de parmesan ou de romano
½ tasse (125 ml) de rapinis (ou d'épinards), cuits, essorés et hachés (voir ci-contre)
¼ tasse (60 ml) de lait de soja sans sucre
Sel et poivre au goût

Préparation

⑥ Allumer le four à 325 °F (160 °C).

⑥ Dans un bol, réunir tous les ingrédients et bien mélanger.

⑥ Verser dans quatre ramequins, enfourner et cuire 30 min.

Le rapini

Se situant entre le brocoli et l'épinard, le rapini est riche en vitamines et en fer. Les tiges, les fleurs et les feuilles sont comestibles. Détacher les tiges, puis les faire blanchir quelques minutes dans un peu d'eau bouillante; ajouter feuilles et fleurs, et cuire 5 min environ. Ajouter de l'ail, un filet d'huile et du citron. Délicieux en salade tiède ou comme légume d'accompagnement.

Entrées

Soupes et potages

Bouillons agrémentés de légumes, soupes réconfortantes ou potages onctueux, qu'elles s'inspirent de la cuisine méditerranéenne ou asiatique, toutes les recettes que contient cette section sont autant de manières de servir des repas légers, équilibrés et nutritifs.

La plupart de ces recettes conviennent pour un repas léger. Une soupe aux flocons de sarrasin servie avec une salade ou une soupe aux légumes grillés consommée avec du pain constituent des repas équilibrés.

Potage au millet

D'inspiration grecque, ce potage nourrissant réunit avec bonheur le millet et les carottes, ainsi que des herbes et des épices abondamment utilisées dans les pays méditerranéens. Une soupe repas vite préparée.

Ingrédients
(pour six)

2 c. à soupe d'huile d'olive
1 oignon, haché
1 gousse d'ail, hachée finement
1 c. à soupe de gingembre, haché finement
⅓ tasse (75 ml) de millet, rincé
1 c. à thé de mélange maghrébin (p. 147)
4 carottes moyennes, en dés
5 tasses (1,25 l) de bouillon (pp. 131-132)
Sel et poivre au goût

Préparation

- Dans une casserole, chauffer l'huile et y attendrir l'oignon sans le laisser se colorer.

- Ajouter l'ail, le gingembre, le millet et le mélange d'épices, et cuire 1 ou 2 min.

- Incorporer les carottes et le bouillon, saler et poivrer.

- Couvrir, porter à ébullition, réduire le feu et laisser mijoter 25 min.

- Passer au mélangeur à main et servir.

Le millet

Particulièrement riche en acide aminés, le millet fortifie. Sa forte concentration en silice a un effet positif sur le cholestérol sanguin et l'ossature.

Potage aux flocons de sarrasin

Cet autre soupe repas réunissant une céréale et des légumes est ma préférée quand arrivent les temps froids.

Préparation

⚲ Dans une casserole, chauffer l'huile et y attendrir l'oignon 3 min. Ajouter l'ail, le mélange d'épices, le sel et le poivre, et cuire 2 min. Incorporer les carottes, la courgette, les flocons de sarrasin et le bouillon.

⚲ Couvrir, porter à ébullition, réduire le feu et laisser mijoter 20 min. Ajouter les champignons et cuire 3 min.

⚲ Battre au mélangeur à main, mais grossièrement, de manière à laisser des morceaux de légumes.

⚲ Remettre sur le feu.

⚲ Pour servir, garnir de persil.

Ingrédients
(pour quatre)

2 c. à soupe d'huile d'olive
1 petit oignon, haché
1 gousse d'ail, hachée finement
1 c. à thé de mélange maghrébin (p. 147)
Sel et poivre au goût
2 carottes, en dés
1 courgette, en cubes
½ tasse (125 ml) de flocons de sarrasin
3 tasses (750 ml) de bouillon (pp. 131-132)
6 champignons de Paris, émincés
4 c. à soupe de persil frais, haché

Soupes et potages

Le sarrasin

Fruit d'une plante annuelle qui s'apparente à la rhubarbe et à l'oseille, le sarrasin est un aliment complet qui renferme des composés aminés ayant la réputation d'inhiber le développement du cancer. Il est riche en rutine, une substance qui améliore la circulation sanguine et réduit l'hypertension. Parce que le sarrasin ne contient pas de gluten, il est fortement recommandé aux personnes atteintes de la maladie cœliaque ou souffrant de problèmes digestifs.

Potage aux légumes grillés

D'inspiration méditerranéenne, ce potage épais et peu calorique réunit des poivrons, du fenouil et des courgettes grillés au four, un mode de cuisson qui les parfume délicieusement.

Ingrédients
(pour six)

2 courgettes, en cubes de ½ po (1 cm)

2 poivrons (1 jaune et 1 rouge), en morceaux de ½ po (1 cm)

1 bulbe de fenouil, le cœur enlevé, tranché finement

2 oignons, tranchés (facultatif)

2 gousses d'ail, hachées finement

1 c. à thé d'herbes salées (ou, à défaut, d'herbes séchées)

Poivre, au goût

3 c. à soupe d'huile d'olive

4 tasses (1 l) de bouillon (pp. 131-132) et un peu plus

Préparation

⚬ Allumer le four à 400 °F (200 °C).

⚬ Dans un grand bol, réunir les cubes de courgette et de poivron, le fenouil, les oignons, l'ail, les herbes salées et l'huile d'olive. Bien mélanger de manière que les légumes soient tous imprégnés de l'huile. Poivrer.

⚬ Étaler sur une grande plaque à cuisson doublée d'un papier parchemin (ou dans une lèchefrite huilée) et enfourner.

⚬ Griller les légumes de 20 à 30 min, jusqu'à ce qu'ils soient *al dente* et légèrement grillés, en les remuant après 15 min de cuisson.

⚬ Les transférer dans une casserole contenant le bouillon, couvrir, porter à ébullition, réduire le feu et laisser mijoter 10 min.

⚬ Mixer au mélangeur à main, réchauffer et servir.

Variante repas

Ajoutez 1 c. à soupe de pistou et des croûtons au parmesan.

Le fenouil

Ce bulbe au bon goût anisé qui s'apparente au céleri possède des propriétés digestives dont les diabétiques et les rhumatisants voudront profiter. Le fenouil contient des vitamines en abondance, des sels minéraux et du fer. Il est également riche en bêtacarotène, un pigment aux propriétés antioxydantes et immunostimulantes.

Potage à la patate douce et aux pois cassés

Parfumé au curcuma et aux épices indiennes, ce potage constitue un bon déjeuner d'hiver.

Ingrédients

(pour quatre)

¼ tasse (60 ml) de pois cassés, rincés
2 c. à soupe d'huile d'olive
1 oignon, haché
1 gousse d'ail, hachée finement
½ c. à thé de poudre de cari ou de mélange indien (p. 147)
½ c. à thé de curcuma
1 patate douce, pelée et détaillée en cubes
2 ½ tasses (625 ml) de bouillon (pp. 131-132)

Préparation

⚬ Dans un bol, mettre les pois cassés à tremper dans l'eau froide 1 heure avant de procéder à la cuisson.

⚬ Dans une casserole, chauffer l'huile et y attendrir l'oignon. Ajouter l'ail, le cari et le curcuma, et cuire 1 min à feu doux. Ajouter les cubes de patate douce, les pois cassés et le bouillon.

⚬ Couvrir, porter à ébullition, réduire le feu et laisser mijoter à couvert de 40 à 50 min jusqu'à ce que les pois soient cuits.

⚬ Saler et poivrer, mixer au mélangeur à main et servir.

Variante express aux pois chiches

Vous êtes pressé ? Remplacez les pois cassés par une conserve de pois chiches rincés et réduisez le temps de cuisson à 20 min.

Les légumineuses

Les pois cassés font partie de la grande famille des légumineuses, sources précieuses de fibres et de protéines. Les légumineuses sont les appréciables complices des personnes qui ont peu de temps à consacrer à la cuisine. En conserve, elles ne perdent rien de leurs vertus, et composent des plats savoureux et variés. On en fait des soupes nourrissantes, des trempettes et des salades express, des chilis, des ragoûts ou des caris auxquels on n'a pas besoin d'ajouter de viande pour qu'ils soient nutritifs. Autre avantage, elles procurent un effet de satiété qui nous incite à moins manger.

Potage au panais et à la patate douce

Ce potage est un délicieux dépanneur lorsqu'on a peu de temps à consacrer à la cuisine.

Préparation

⑥ Dans une casserole, faire fondre la margarine et y attendrir l'oignon. Ajouter l'ail et la poudre de cari, et cuire 1 min.

⑥ Incorporer les cubes de panais, de patate douce et de pomme de terre, et remuer pour bien enrober les légumes avec les épices.

⑥ Mouiller avec le bouillon, porter à ébullition, réduire le feu et laisser mijoter 20 min jusqu'à ce que les légumes soient tendres.

⑥ Saler et poivrer, puis mixer au mélangeur à main.

⑥ Réchauffer au besoin et servir.

Ingrédients
(pour quatre)

1 c. à soupe de margarine non hydrogénée
1 oignon, haché finement
1 gousse d'ail, hachée finement
1 c. à thé de poudre de cari (ou plus si on aime les plats bien relevés)
1 gros panais, en dés
La moitié d'une grosse patate douce, en cubes
1 pomme de terre moyenne, en cubes
2 ½ tasses (625 ml) de bouillon (pp. 131-132)
Sel et poivre au goût

La patate douce

La patate douce est riche en vitamines et sa concentration en bêtacarotène est très élevée. Elle est un aliment de choix pour les personnes qui désirent conserver leur poids santé.

La pomme de terre

Tour à tour louangée pour ses propriétés antirhumatismales ou antivirales et honnie des scientifiques pour sa prétendue absence de qualités nutritives, la pomme de terre demeure encore aujourd'hui l'un des légumes les plus populaires sur nos tables et l'un des plus sujets à controverse. Sa forte concentration en potassium, qui permet d'abaisser la tension artérielle, et sa teneur en vitamines du complexe B en font néanmoins un aliment fort recommandable. Sa pelure contient une substance complexe qui aurait la propriété d'absorber les agents cancérigènes présents dans les aliments fumés comme les viandes cuites sur le gril.

Potage de poisson au fenouil

Si vous mangez peu de poisson, voici une délectable manière d'apprivoiser vos papilles. Car les soupes et les potages, surtout quand on leur ajoute du citron, sont des manières simples et savoureuses d'intégrer le poisson à une alimentation hypocalorique.

Soupes et potages

Ingrédients
(pour quatre)

2 c. à soupe d'huile d'olive
1 bulbe de fenouil, le cœur retiré,
   coupé en tranches fines
1 courgette moyenne, en dés
2 gousses d'ail, hachées finement
½ c. à thé de mélange maghrébin (p. 147)
½ c. à thé de zeste de citron
3 tasses (750 ml) de bouillon
   (pp. 131-132)
4 oz (125 g) de poisson blanc
   (plie, morue, tilapia, par exemple),
   en bouchées
Sel et poivre au goût
4 rondelles de citron, pour garnir

Préparation

⏃ Dans une casserole, chauffer l'huile, et y attendrir les tranches de fenouil et les dés de courgette. Incorporer l'ail, le mélange d'épices et le zeste, et cuire 1 min.

⏃ Mouiller avec le bouillon, couvrir, porter à ébullition, réduire le feu et laisser mijoter 20 min.

⏃ Incorporer le poisson, porter à ébullition et laisser mijoter 5 min.

⏃ Mixer le tout au mélangeur à main.

⏃ Goûter, rectifier l'assaisonnement et verser dans des bols en ajoutant dans chacun une rondelle de citron.

Touche gourmande

Pour un repas plus costaud, ajoutez à cette soupe parfumée des haricots secs cuits, des dés de tofu et des croûtons à l'ail.

Le poisson

Même si on a tendance à insister et avec raison sur les remarquables propriétés des poissons gras riches en acides gras oméga-3, il reste que les poissons plus maigres comme la morue, la plie ou le tilapia devraient eux aussi faire partie de nos menus hebdomadaires.

Potage de chou-fleur et de lentilles

Voici une autre recette qui permet de profiter des propriétés des légumineuses, ces aliments riches en fibres qui procurent une agréable sensation de satiété.

Ingrédients
(pour quatre)

2 c. à soupe d'huile d'olive
1 oignon, haché finement
2 gousses d'ail, hachées finement
½ c. à thé de cumin moulu
½ c. à thé de curcuma
½ chou-fleur, détaillé en fleurettes
⅓ tasse (75 ml) de lentilles rouges sèches, rincées
4 tasses (1 l) de bouillon (pp. 131-132)
Sel et poivre au goût
¼ tasse (60 ml) de lait de soja
2 c. à soupe de jus de limette
½ c. à thé de zeste de limette, râpé
4 c. à soupe de feuilles de coriandre fraîche, hachées

Préparation

◔ Dans une casserole, chauffer l'huile et y attendrir l'oignon à feu moyen. Incorporer l'ail et les épices, et cuire 1 min en brassant.

◔ Ajouter le chou-fleur, les lentilles, mouiller avec le bouillon et assaisonner. Porter à ébullition, réduire le feu et laisser mijoter 20 min.

◔ Mixer au mélangeur à main, incorporer le lait de soja, le jus et le zeste de limette, puis la coriandre.

Le chou-fleur

Tout comme ses cousins crucifères, le chou-fleur protège contre plusieurs formes de cancer. Faible en calories, en gras et en sodium, c'est une excellente source de fibres, de minéraux (phosphore, fer et potassium) et de vitamine C.

Potage aux topinambours

Si vous ne connaissez pas encore ce légume raffiné, cette recette express d'ingrédients vous permettra d'apprécier son goût délicat qui rappelle l'artichaut.

Préparation

- Dans une casserole, chauffer l'huile et y faire suer l'ail à feu très doux. Ajouter le mélange d'épices et cuire 1 min.
- Incorporer les topinambours, les courgettes et le bouillon de poulet.
- Couvrir, porter à ébullition, réduire le feu et laisser mijoter 20 min. Laisser tiédir.
- Mixer au mélangeur, et assaisonner de sel et de poivre au goût.

Ingrédients
(pour quatre)

2 c. à soupe d'huile d'olive
1 gousse d'ail, hachée finement
½ c. à thé de mélange maghrébin (p. 147)
14 oz (400 g) de topinambours, pelés et hachés
3 courgettes moyennes, pelées et coupées en tronçons
3 tasses (750 ml) de bouillon de poulet (p. 131)
Sel et poivre au goût

Variante repas

Garnissez chaque assiette de tranches de pain grillées saupoudrées de chèvre râpé que vous ferez gratiner sous le gril.

Le topinambour

Ce légume méconnu contient beaucoup de fibres, c'est l'un des aliments les plus riches en potassium. Les personnes désireuses de perdre du poids apprécieront qu'il contienne moins d'amidon que la pomme de terre, sa saveur sucrée plaira aux diabétiques qui pourront le consommer sans risque et son goût subtil ravira les gourmets.

Soupe aux champignons à l'orientale

Cette soupe inspirée de la cuisine asiatique est parfumée au gingembre et à la coriandre. On lui ajoute des algues réhydratées, qui lui apportent leurs minéraux et leurs vitamines.

Ingrédients
(pour quatre)

3 tasses (750 ml) de bouillon (pp. 131-132)

2 c. à soupe de sauce tamari légère

10 champignons, de préférence des shiitakes frais, brossés, les queues enlevées, et tranchés

1 tasse (250 ml) de fines lanières de chou chinois nappa

1 c. à soupe de gingembre, haché finement

2 oignons verts, émincés

Poivre au goût

1 c. à soupe de petits goémons

4 c. à soupe de feuilles de coriandre fraîches et rondelles de limette pour servir

Préparation

◉ Réhydrater les petits goémons en les faisant tremper 3 min dans l'eau tiède. Égoutter, assécher et hacher les algues.

◉ Dans une casserole, chauffer le bouillon et la sauce tamari jusqu'au point d'ébullition.

◉ Incorporer les champignons, les lanières de chou, le gingembre, les oignons verts, les petits goémons, puis laisser reprendre l'ébullition, couvrir, réduire le feu et laisser mijoter 5 min.

◉ Garnir chaque portion de feuilles de coriandre et de rondelles de limette.

Variante repas
Ajoutez des dés de tofu et des croûtons dorés, réchauffez 3 min et servir.

Le shiitake

Reconnu depuis des siècles en Asie pour ses bienfaits, le shiitake est un champignon de couleur foncée dont la texture rappelle celle de la viande. Des études menées au Japon ont révélé qu'il était plus efficace contre le virus de la grippe que les antibiotiques prescrits par les médecins. Ce champignon contiendrait en effet une substance ayant un pouvoir dévastateur sur les virus.

Soupe au poulet à la japonaise

Les Japonais utilisent abondamment le poulet dans leur cuisine, une viande peu calorique qui permet une multitude de combinaisons. La recette qui suit est l'une des infinies possibilités qu'offre le blanc de volaille pour réaliser des plats légers mais consistants.

Ingrédients
(pour quatre)

3 ½ tasses (875 ml) d'eau (ou de bouillon non salé - pp. 131-132)

4 c. à soupe de saké

4 c. à soupe de sauce tamari légère

2 c. à soupe de gingembre, haché finement

2 gousses d'ail, hachées finement

1 poitrine de poulet de 7 oz (200 g), en fines lanières

2 carottes, en fines lanières

2 oz (55 g) de nouille fines (une poignée)

1 petit pak-choï, émincé finement

1 c. à soupe de miso (facultatif)

4 oignons verts, émincés finement

Sel et poivre au goût

Préparation

⏧ Dans une casserole, réunir l'eau (ou le bouillon), le saké, la sauce tamari, le gingembre et l'ail. Couvrir, porter à ébullition, réduire le feu et laisser mijoter 10 min.

⏧ Ajouter le poulet, les carottes, les nouilles, le pak-choï et le miso, et cuire encore 7 min en remuant de temps en temps pour séparer les lanières de poulet et éviter qu'elles ne collent ensemble.

⏧ Goûter, saler et poivrer au besoin, et garnir chaque bol d'oignons verts avant de servir.

Le poulet

Lorsqu'on la consomme sans la peau, la viande du poulet est peu calorique et peu grasse, et elle contient les neufs acides aminés essentiels à l'organisme. Le poulet remplace avantageusement les viandes rouges, plus grasses, dont on sait qu'une consommation régulière accroît les risques de maladies cardiovasculaires.

Soupe à l'orge mondé

Une bonne soupe repas d'hiver qui ne requiert que peu d'ingrédients et qui se révèle très économique.

Préparation

⚬ Dans une grande casserole, chauffer l'huile et y attendrir l'oignon. Ajouter les dés de carotte, de panais, de navet et de céleri, et cuire 5 min à feu moyen. Ajouter l'ail, les herbes salées, le concentré de tomate et l'eau.

⚬ Couvrir, porter à ébullition, ajouter l'orge, l'origan et le basilic, réduire le feu et laisser mijoter 1 h ou jusqu'à ce que l'orge soit cuit.

⚬ Ajouter ensuite les champignons et le persil, cuire 5 min et retirer du feu.

⚬ Rectifier l'assaisonnement et servir.

L'orge

Jadis utilisée comme fortifiant, l'orge est une denrée de base employée depuis longtemps, notamment au Moyen-Orient et dans certains pays d'Asie, où on a observé un très faible taux de maladies cardiaques.

Ingrédients
(pour huit et plus)

2 c. à soupe d'huile d'olive
1 gros oignon, haché
1 grosse carotte, en dés
1 panais, en dés
½ navet, en dés
1 branche de céleri, en dés
2 gousses d'ail, hachées finement
3 c. à soupe d'herbes salées*
4 c. à soupe de concentré de tomate
10 tasses (2,5 l) d'eau ou de bouillon (pp. 131-132)
½ tasse (125 ml) d'orge mondé, rincé et égoutté
1 c. à soupe d'origan séché
1 c. à soupe de basilic séché
1 tasse (250 ml) de champignons, tranchés
4 c. à soupe de persil frais, haché

* Omettre cet ingrédient si on utilise un bouillon déjà salé.

Soupes et potages

197

Soupe épicée à la japonaise

Plat hypocalorique par excellence, cette soupe express contient du miso, un dérivé du soja au goût inimitable que l'on emploie de plus en plus dans la cuisine, ainsi que des jeunes pak-choïs, des légumes aux propriétés antioxydantes reconnues.

Ingrédients
(pour quatre et plus)

4 oignons verts, émincés
2 tranches de gingembre frais, haché finement
2 anis étoilés
4 tasses (1 l) de bouillon (pp. 131-132)
2 petits pak-choïs, hachés finement
2 c. à soupe de miso
¼ c. à thé de flocons de piment
3 c. à soupe de feuilles de coriandre fraîche

Préparation

◔ Dans une casserole, réunir les oignons verts, le gingembre, les anis étoilés et le bouillon. Couvrir, porter à ébullition, réduire le feu et laisser mijoter 10 min.

◔ Ajouter les pak-choïs et cuire 5 min.

◔ Délayer le miso dans un peu de bouillon, et incorporer à la soupe avec le piment et les feuilles de coriandre.

Variante repas

Ajoutez une demi-barquette de shiitakes et des dés de tofu.

Le miso

Cette préparation qui gagne en popularité en Occident est une pâte de soja fermentée qu'on utilise abondamment dans la cuisine asiatique. Le miso agrémente les sauces et les soupes, ou se consomme tel quel, tout simplement dilué dans 1 tasse d'eau chaude. C'est un excellent stimulant naturel qui ne procure aucun des effets nocifs du café.

Velouté citronné aux pois chiches

La cuisine méditerranéenne, celle de la Grèce en particulier, aime bien agrémenter ses plats de citron, y compris les potages auxquels il ajoute ce brin d'acidité qui en révèle les autres saveurs.

Ingrédients
(pour quatre)

2 c. à soupe d'huile d'olive

1 oignon, haché

1 gousse d'ail, hachée finement

1 c. à thé d'un mélange d'épices (coriandre, cumin, graines de fenouil moulues, piment broyé)

2 petites courgettes (ou 1 grosse), en cubes

1 conserve de 15 oz (426 ml) de pois chiches, rincés et égouttés

2 tasses (500 ml) de bouillon de poulet (p. 131)

3 c. à soupe de persil frais, haché

½ c. à thé de zeste de citron

1 c. à thé de jus de citron

Sel et poivre au goût

4 tranches de citron pour servir

Préparation

⚬ Dans une casserole, chauffer l'huile d'olive à feu moyen et y attendrir l'oignon.

⚬ Ajouter l'ail, le mélange d'épices et les cubes de courgette, et cuire 1 min. Incorporer les pois chiches, le bouillon et le persil, couvrir, porter à ébullition, réduire le feu et laisser mijoter 20 min. Retirer du feu et laisser tiédir.

⚬ Verser dans un mélangeur, ajouter le zeste et le jus de citron, mixer, goûter, rectifier l'assaisonnement et remettre dans la casserole pour réchauffer.

⚬ Servir ce potage garni d'une tranche de citron avec du pain pita croustillant.

Le citron

Riche en vitamine C, le citron contient aussi des sels minéraux et des oligoéléments. Les recherches ont montré que, grâce à ses propriétés antioxydantes, il prévient la progression de cancers et retarde le vieillissement. Son jus et son écorce sont très prisés en cuisine, et il rend de multiples services d'entretien dans la maison.

Velouté de légumes

Ce potage contient un grand méconnu, le chou-rave, un légume au goût fin et délicat. Agrémenté de carottes et de patate douce, et d'un subtil mélange d'épices méditerranéennes, cette recette se prépare et cuit en 30 minutes.

Préparation

- Dans une casserole, chauffer l'huile à feu moyen et y faire revenir l'ail et les légumes sans les laisser se colorer. Ajouter le mélange d'épices, mouiller avec le bouillon, porter à ébullition, réduire le feu et laisser mijoter 20 min ou jusqu'à ce que les légumes soient cuits.
- Mixer au mélangeur à main.
- Remettre sur le feu, ajouter le lait de soja, saler, poivrer et servir.

Ingrédients
(pour quatre)

2 c. à soupe d'huile d'olive
2 gousses d'ail, hachées finement
1 patate douce, en cubes
2 carottes moyennes, pelées et coupées en dés
1 petit chou-rave, pelé et coupé en dés
½ navet, pelé et coupé en dés
1 c. à thé de mélange maghrébin (p. 147)
2 ½ tasses (625 ml) de bouillon (pp. 131-132)
Sel et poivre au goût
½ tasse (125 ml) de lait de soja sans sucre

Variante repas

Dans chaque assiette, ajoutez 1 c. à soupe d'amandes effilées, grillées dans un petit poêlon à sec ou au four 5 min à 350 °F (180 °C).

Le chou-rave

Tout comme les autres membres de la grande famille des crucifères, le chou-rave renferme des antioxydants qui protègent contre les radicaux libres tout en réduisant les effets du vieillissement.

Soupes et potages

Plats sans viande

Les plats que je propose dans cette section ne sont pas tous hypocaloriques, loin s'en faut. Bien qu'ils réservent une place d'honneur aux légumes, plusieurs contiennent des noix et du fromage, aliments à haute densité calorique. Cependant, ces plats demeurent de bons choix si vous désirez réduire votre consommation de viande, car ces ingrédients apportent les lipides et les protéines dont votre organisme a besoin pour demeurer en bonne santé.

Aubergine farcie au quinoa

S'inspirant de la cuisine grecque qui affectionne l'aubergine, ce plat lui ajoute un aliment original provenant d'Amérique du Sud, le quinoa, un grain savoureux aux vertus innombrables.

Ingrédients
(pour deux)

1 aubergine, tranchée sur la longueur
1 c. à soupe de jus de citron
2 c. à soupe d'huile d'olive
1 oignon, haché
1 gousse d'ail, hachée finement
½ c. à thé de mélange maghrébin (p. 147)
½ poivron jaune, en dés
4 champignons de Paris, hachés
½ tasse (125 ml) de quinoa cuit *
Sel et poivre au goût
3 c. à soupe de concentré de tomate
3 c. à soupe de bouillon (pp. 131-132)
½ c. à thé d'un mélange d'herbes séchées
   (origan, basilic, menthe)
4 c. à soupe de cheddar, râpé
2 c. à soupe de pignons

* *Le quinoa soigneusement rincé se cuit dans deux fois son volume d'eau durant 15 min.*

Le quinoa

Le quinoa possède une forte teneur en protéines et contient tous les acides aminés essentiels au bon fonctionnement de l'organisme, en particulier les acides soufrés, lesquels sont rares dans les protéines végétales. Le quinoa est également une bonne source de fer, de magnésium, de phosphore, de potassium, et contient presque toutes les vitamines du groupe B. Faible en sodium, il ne contient pas de gluten.

Préparation

⚬ Allumer le four à 400 °F (200 °C).

⚬ À l'aide d'une cuillère, creuser une partie de la chair des deux moitiés d'aubergine de manière à obtenir deux barquettes. Tailler la chair en dés et réserver.

⚬ Badigeonner les barquettes d'aubergine de jus de citron et déposer sur une plaque à cuisson. Enfourner et cuire 10 min.

⚬ Pendant ce temps, dans un poêlon, chauffer l'huile à feu moyen, et y attendrir l'oignon et l'ail sans les laisser se colorer. Ajouter le mélange d'épices, les dés de poivron et d'aubergine, le hachis de champignons, puis le quinoa. Saler et poivrer.

⚬ Retirer les barquettes du four et les farcir de ce mélange.

⚬ Dans un petit bol, mélanger le concentré de tomate, le bouillon et les herbes, et verser sur les barquettes farcies. Parsemer de fromage et de pignons, et enfourner.

⚬ Cuire 20 min, jusqu'à ce que le fromage soit fondu et les pignons dorés. Servir avec une salade.

Croustade d'orge aux légumes

Ce plat, recouvert d'un délicieux gratin, ressemble à un croustillant dont on aurait remplacé les fruits par de l'orge et des légumes fondants.

Préparation

- La cuisson se termine dans un four à 350 °F (180 °C).

- Dans une casserole à fond épais, chauffer l'huile à feu moyen et y attendrir l'oignon 3 min. Incorporer l'ail, l'orge, le mélange d'herbes, le concentré de tomate et l'eau. Porter à ébullition, réduire le feu et laisser mijoter très doucement 30 min.

- Ajouter le bouillon, les dés de carotte et de courgette, les champignons et laisser cuire encore de 20 à 30 min jusqu'à ce que l'orge soit tendre.

- Égoutter au besoin, ajouter les olives noires et le zeste d'orange, goûter, saler et poivrer, puis verser dans un plat à gratin huilé.

- Dans un bol, réunir les flocons d'avoine, les pacanes et le cheddar, mélanger et parsemer la préparation d'orge aux légumes de ce mélange.

- Enfourner et cuire de 25 à 30 min.

Ingrédients
(pour quatre)

1 c. à soupe d'huile d'olive
1 petit oignon, haché
1 gousse d'ail, hachée finement
½ tasse (125 ml) d'orge mondé, rincé
1 c. à thé d'un mélange d'herbes (origan, basilic, menthe)
1 c. à soupe de concentré de tomate
1 ½ tasse (375 ml) d'eau
¼ tasse (60 ml) de bouillon ou de vin blanc
1 carotte, en dés très fins
1 petite courgette, en dés moyens
½ barquette de 8 oz (227 g) de champignons, tranchés
12 à 20 olives noires, dénoyautées et émincées
½ c. à thé de zeste d'orange
Sel et poivre au goût

Croustade

¼ tasse (60 ml) de flocons d'avoine
¼ tasse (60 ml) de pacanes, hachées grossièrement
¼ tasse (125 ml) de cheddar, râpé

L'orge

Jadis utilisée comme fortifiant, d'un goût plus robuste que le riz ou l'avoine, l'orge se présente sous plusieurs formes et renferme bon nombre de nutriments bénéfiques. Dans les régions du monde où on l'utilise depuis longtemps comme denrée de base, notamment le Moyen-Orient et certains pays d'Asie, on a observé un taux très faible de maladies cardiaques.

Plats sans viande

Croustade de légumes au boulgour

Inspiré de la cuisine méditerranéenne, cet autre délice aux légumes réunit des crucifères sous une croûte faite de blé concassé, de pignons et de fromage.

Ingrédients
(pour quatre)

½ tasse (125 ml) de boulgour

½ tasse (125 ml)) d'eau

1 c. à soupe d'huile

1 oignon, haché finement

2 gousses d'ail, hachées finement

1 c. à thé d'herbes séchées (origan, menthe, basilic)

4 tasses (1 l) de légumes variés : fleurettes de brocoli et de chou-fleur, courgettes en cubes

¾ tasse (180 ml) de bouillon (pp. 131-132)

1 c. à soupe de concentré de tomate

Sel et poivre au goût

½ tasse (125 ml) de pignons

½ tasse (125 ml) de gruyère, râpé

Préparation

⑥ Allumer le four à 375 °F (190 °C).

⑥ Dans une petite casserole, faire bouillir l'eau, y ajouter le boulgour et cuire 2 min.

⑥ Retirer du feu et laisser le boulgour s'imprégner d'eau. Réserver.

⑥ Dans un grand poêlon, chauffer l'huile à feu moyen-vif et y attendrir l'oignon. Ajouter l'ail et les herbes, et cuire encore 1 min. Ajouter les légumes, le bouillon, le concentré de tomate, puis poursuivre la cuisson 7 min, le couvercle entrouvert, ou jusqu'à ce que les légumes soient *al dente*. Saler et poivrer au goût.

⑥ Dans le bol contenant le boulgour, ajouter les pignons et le fromage.

⑥ Verser les légumes dans un plat allant au four. Parsemer du mélange de boulgour, enfourner et cuire 30 min.

Le boulgour

Céréale de grains entiers très nutritive, le boulgour contient des fibres et des minéraux en abondance. Il renferme également des lignanes, ces antioxydants qui protègent contre les maladies cardiovasculaires. Parce que le boulgour libère lentement ses sucres et qu'il possède un indice glycémique peu élevé, il est recommandé aux personnes souffrant de diabète.

Quiche sans croûte aux légumes

Une petite quantité de farine insérée dans la préparation d'œufs et de lait crée une pâte légère qui donne à ce délicieux plat de légumes l'allure d'une quiche.

Ingrédients

(pour six)

1 c. à thé de margarine non hydrogénée
¼ tasse (60 ml) de noix de cajou, broyées
1 c. à soupe de margarine non hydrogénée
1 échalote sèche, hachée
1 gousse d'ail, hachée finement
½ poivron jaune, en dés
1 ½ tasse (375 ml) de fleurettes de chou-fleur
¼ tasse (60 ml) de bouillon (pp. 131-132)
1 courgette, en dés
25 tomates cerises ou raisins, en moitiés
3 œufs, battus
2 c. à soupe de farine non blanchie
1 tasse (250 ml) de lait de soja
1 tasse (250 ml) de gruyère ou de cheddar, râpé
3 c. à soupe de pistou
Sel et poivre au goût

Préparation

⑥ Allumer le four à 350 °F (175 °C).

⑥ Badigeonner de margarine (1 c. à thé) un moule à quiche ou une assiette à tarte de 10 po (22, 5 cm) et saupoudrer de noix de cajou.

⑥ Dans un grand poêlon, faire fondre la margarine (1 c. à soupe) à feu moyen, et y attendrir l'échalote et l'ail sans les colorer. Ajouter les dés de poivron et les fleurettes de chou-fleur, mouiller avec le bouillon et laisser mijoter 10 min.

⑥ Incorporer les dés de courgette et les moitiés de tomate, couvrir et cuire 5 min.

⑥ Pendant ce temps, dans un bol, battre les œufs au fouet avec la farine et le lait. Ajouter le fromage et le pistou, puis le mélange de légumes. Goûter, rectifier l'assaisonnement.

⑥ Verser dans le moule et cuire 35 min ou jusqu'à ce qu'un couteau inséré en ressorte propre.

⑥ Servir avec une salade.

Le poivron

Très riche en vitamine C et en bêtacarotène, le poivron contient des sels minéraux et des vitamines du groupe B. Sachant que l'association de la vitamine C et du bêtacarotène contribue à prévenir les cataractes, les baby-boomers ont tout intérêt à intégrer le poivron à leur alimentation.

Tourte au fenouil et aux tomates

Autre version d'une tarte qui ne nécessite pas de pâte brisée, cette tourte se rapproche d'une quiche tout en s'enrichissant de la présence de deux légumes aux parfaites qualités harmoniques.

Préparation

⚙ Allumer le four à 350 °F (180 °C).

⚙ Dans un poêlon, chauffer l'huile et y attendrir le fenouil 5 min. Ajouter l'ail, la sauce au piment et le zeste d'orange, et cuire 1 min. Incorporer les tomates et les herbes, porter à ébullition et laisser mijoter 5 min.

⚙ Pendant ce temps, dans un grand bol, mélanger au batteur électrique les œufs, la farine, la levure, le lait de soja et l'huile.

⚙ Ajouter la préparation de légumes et mélanger à la cuillère de bois jusqu'à l'obtention d'une consistance homogène.

⚙ Incorporer le fromage, goûter, rectifier l'assaisonnement au besoin et verser le tout dans un plat généreusement badigeonné de margarine, puis enfourner.

⚙ Cuire de 45 à 50 min.

⚙ Servir avec une salade verte.

Ingrédients
(pour quatre)

2 c. à soupe d'huile d'olive

1 bulbe de fenouil, le cœur enlevé, haché en fines lamelles

2 gousses d'ail, hachées finement

1 trait de sauce au piment

1 c. à thé de zeste d'orange

3 tomates moyennes fraîches, tranchées

1 c. à thé d'un mélange d'herbes séchées (menthe, origan, basilic)

2 œufs, battus

½ tasse (125 ml) de farine de blé entier

1 c. à thé de levure chimique (poudre à pâte)

¾ tasse (180 ml) de lait de soja sans sucre

3 c. à soupe d'huile d'olive

⅔ tasse (150 ml) de gruyère, râpé

Sel et poivre au goût

Plats sans viande

La tomate

Riche en vitamines A, B et C, la tomate contient en abondance des sels minéraux et des oligoéléments. Peu calorique, elle renferme du lycopène qui lui donne sa belle couleur rouge, une substance proche parente du bêtacarotène, dont les effets se sont montrés très efficaces pour lutter contre le cancer de la prostate. Consommée quotidiennement, crue, nature, en salade, séchée ou cuite, la tomate peut prévenir plusieurs autres types de cancer en réduisant les effets nocifs des radicaux libres.

Tarte aux légumes sans croûte

Cette recette régalera les personnes qui n'aiment pas préparer et rouler la pâte. Combinant deux fromages et une variété de légumes, ce plat à base de farine de maïs est tout simplement savoureux.

Ingrédients
(pour quatre)

¼ tasse (60 ml) de fromage ricotta
¼ tasse (60 ml) de gruyère
   (ou de cheddar)
¼ tasse (60 ml) de yogourt
2 œufs, battus
¾ tasse (180 ml) d'épinards cuits,
   essorés et hachés
1 courgette, râpée et essorée
   (environ 1 tasse – 250 ml)
1 carotte, râpée (environ 1 tasse – 250 ml)
2 c. à thé d'herbes salées du Bas-du-fleuve
¼ c. à thé de mélange à chili (p. 146)
¼ tasse (60 ml) de farine de maïs

Préparation

- Allumer le four à 350 °F (180 °C).

- Dans un bol, mélanger les fromages avec le yogourt et les œufs battus.

- Ajouter les épinards, la courgette et la carotte râpée, les herbes et les épices, puis la farine.

- Bien mélanger et verser dans une assiette à tarte généreusement badigeonnée de margarine non hydrogénée.

- Enfourner et cuire 30 min ou jusqu'à ce qu'un cure-dents en ressorte propre et sec.

L'épinard

Ces belles feuilles d'un vert profond dissimulent une importante source de fibres, de vitamines C et E, et de chlorophylle, et contiennent bon nombre de sels minéraux. Mais c'est leur forte teneur en caroténoïdes et en bêtacarotène qui en font le légume anticancer par excellence avec le chou. Beaucoup d'études révèlent en effet que les personnes qui consomment régulièrement des épinards sont moins exposées à divers types de cancer, plus particulièrement le cancer du poumon. L'épinard s'impose aussi parce qu'il a détrôné le haricot vert de sa position enviable de légume minceur.

Cari de haricots blancs

Un plat fusion tout simple, délicieux et facile à réaliser, qui réunit légumineuses, pak-choïs et épices indiennes.

Ingrédients
(pour quatre)

2 c. à soupe d'huile d'olive
1 oignon, haché finement
2 gousses d'ail, hachées finement
1 c. à soupe de gingembre frais, haché finement
1 c. à thé comble d'un mélange indien (p. 147) ou malais (p. 146), ou de poudre de cari
⅛ c. à thé de pâte de cari
1 tasse (250 ml) de bouillon (pp. 131-132)
1 conserve (19 oz – 540 ml) de petits haricots blancs, rincés et égouttés
10 tomates cerises, tranchées
2 petits pak-choïs, émincés finement
Sel et poivre au goût

Préparation

◉ Dans un poêlon à fond épais, chauffer l'huile et y attendrir l'oignon. Ajouter l'ail, le gingembre, la poudre et la pâte de cari, et cuire 1 min en remuant.

◉ Mouiller avec le bouillon, incorporer les haricots, les tomates cerises et les pak-choïs, couvrir, porter à ébullition et réduire le feu.

◉ Laisser mijoter 20 min à feu doux.

◉ Servir avec du riz.

Touche gourmande

Pour un plat encore plus consistant, si vous aimez le tofu, ajoutez ½ tasse (125 ml) de tofu.

Le cari

Mélange d'épices que l'on appelle en Inde « garam masala », c'est aussi le nom d'un plat qu'on assaisonne de ce mélange d'épices. Il réunit des arômes exquis : le clou de girofle, la coriandre, le cumin, le curcuma, la cardamome, le fenugrec et le poivre de Cayenne. Pilées au mortier puis chauffées dans un poêlon, ces épices ajoutent leurs parfums à une multitude de plats qui vont des potages aux desserts.

Ragoût de légumes aux haricots noirs

Plat hypocalorique par excellence, ce ragoût parfumé d'épices et garni de pruneaux réunit légumes-racines, courge musquée et légumineuses.

Préparation

⚬ Dans une casserole, chauffer l'huile et y attendrir l'oignon. Ajouter les dés de carotte, de panais et de navet, les haricots noirs, le bouillon, les pruneaux, les mélanges d'épices, porter à ébullition, réduire le feu et laisser mijoter 15 min.

⚬ Incorporer les dés de courge et le zeste d'orange, et cuire encore 15 min ou jusqu'à ce que la courge soit cuite.

⚬ Garnir de persil, rectifier l'assaisonnement et servir.

Ingrédients
(pour quatre)

1 c. à soupe d'huile
1 oignon, haché finement
1 carotte, en dés
1 panais, en dés
½ navet, en dés
1 conserve de 19 oz – 550 ml de haricots noirs, rincés et égouttés
1 tasse (250 ml) de bouillon (pp. 131-132)
8 à 10 pruneaux, dénoyautés et hachés grossièrement
1 c. à thé de mélange indien (p. 147) ou de poudre de cari
½ c. à thé de mélange marocain (p. 147)
1 courge musquée moyenne, pelée et coupée en dés de 1 po (2,5 cm)
1 c. à thé de zeste d'orange
2 c. à soupe de persil frais (ou de coriandre), haché
Sel et poivre au goût

Le pruneau

Ce sont principalement les fibres qui apportent au pruneau son intérêt nutritionnel, fibres solubles qui lui confèrent son mœlleux, fibres insolubles qui exercent une action bénéfique sur le transit intestinal. Il contient en outre des substances qui ont un effet régulateur dans le métabolisme des graisses (lipides) et des sucres (glucides).

Rouleaux de lasagne aux épinards et aux pistaches

Farcis à la ricotta et parfumés à l'orange, ces rouleaux, qui ont l'apparence des cannellonis, sont faciles à préparer et savoureux.

Ingrédients
(pour quatre)

8 lasagnes

Garniture aux épinards

1 c. à soupe d'huile d'olive
1 botte d'épinards, soigneusement rincés
1 œuf, battu
1 tasse (250 ml) de ricotta, faible en gras
⅔ tasse (150 ml) de pistaches non salées, écalées et hachées grossièrement
1 c. à thé de zeste d'orange, râpé
¼ c. à thé de muscade
Sel et poivre au goût
2 tasses (500 ml) de sauce tomate (p. 135)
½ tasse (125 ml) de gruyère, râpé

Préparation

⚬ Allumer le four à 375 °F (190 °C).

⚬ Dans une grande casserole d'eau bouillante salée, cuire les lasagnes en suivant les instructions sur l'emballage. Les rincer et les égoutter.

⚬ Dans une grande poêle, chauffer l'huile et y attendrir les épinards à feu moyen. Laisser tiédir et hacher grossièrement.

⚬ Dans un bol, mélanger l'œuf battu, la ricotta, les épinards, les pistaches, le zeste d'orange et la muscade. Assaisonner au goût.

⚬ Couper les lasagnes en deux sur la largeur et déposer sur chaque moitié 1 c. à soupe comble de préparation aux épinards. Rouler et placer les rouleaux côte à côte dans un plat rectangulaire légèrement huilé, le raccord en dessous.

⚬ Napper de sauce tomate, parsemer de fromage et enfourner.

⚬ Cuire 30 min ou jusqu'à ce que le fromage commence à gratiner.

La ricotta

Fromage originellement élaboré à partir de lait de brebis ou de chèvre, la ricotta que nous consommons est fabriqué avec du petit-lait de vache. C'est parmi les fromages l'un des moins riches en matières grasses.

Lasagne sans lasagnes

De minces tranches d'aubergine remplacent ici les pâtes, réduisant de bien des calories ce plat savoureux cuit au micro-ondes.

Ingrédients
(pour deux)

½ aubergine moyenne, en tranches très fines

½ tasse (125 ml) de fromage ricotta

1 ½ tasse (375 ml) de sauce tomate (p. 135) ou de ratatouille (p. 136)

½ tasse (125 ml) de gruyère ou de cheddar, râpé

Sel et poivre au goût

Préparation

⑥ Dans une assiette à tarte en pyrex huilée, étaler un rang de fines tranches d'aubergine, saler et poivrer, et étendre une fine couche de ricotta. Recouvrir avec les tranches d'aubergine restantes, saler et poivrer, et les napper de sauce tomate.

⑥ Disperser la moitié du fromage râpé sur le dessus, couvrir d'une pellicule plastique et cuire 10 min au micro-ondes à puissance maximale.

⑥ Saupoudrer du reste de fromage et passer sous le gril 3 min ou jusqu'à ce que le fromage soit gratiné.

L'aubergine

Ce beau légume à la forme opulente et à la couleur riche est tout à fait digeste et contient très peu de calories. Selon des chercheurs en alimentation, après un repas riche en gras, l'aubergine préviendrait l'augmentation des lipides et du cholestérol dans le sang.

Gratin de brocoli aux amandes

Le brocoli se marie fort bien avec le fromage. Cuit à la vapeur, puis nappé d'une sauce parfumée aux herbes et au citron, il plaira à ceux qui ont pris la mauvaise habitude de le bouder.

Préparation

- La cuisson se termine dans un four à 350 °F (180 °C).

- Dans une petite casserole, chauffer l'eau et verser le boulgour. Cuire 5 min ou jusqu'à ce que l'eau soit évaporée. Réserver.

- Dans une casserole munie d'une claie ou d'une marguerite, cuire les fleurettes de brocoli 5 min.

- Pendant ce temps, préparer une béchamel en faisant fondre la margarine dans une casserole. Ajouter l'échalote et la farine en remuant sur feu moyen, puis verser le lait de soja.

- Assaisonner avec le mélange d'herbes, le sel, le poivre et le zeste de citron.

- Dans un moule à gratin badigeonné de margarine, déposer les fleurettes de brocoli et napper de la béchamel. Étendre la moitié du fromage, ajouter le boulgour cuit, puis le reste du fromage et les amandes.

- Enfourner et cuire 20 min ou jusqu'à ce que le fromage soit fondu et commence à gratiner.

Ingrédients
(pour quatre)

¾ tasse (180 ml) de boulgour, rincé et égoutté
¾ tasse (180 ml) d'eau
2 têtes de brocoli, en fleurettes
3 c. à soupe rases de margarine non hydrogénée
1 échalote sèche, hachée finement
3 c. à soupe combles de farine non blanchie
2 tasses (500 ml) de lait de soja
½ c. à thé d'herbes sèches (menthe, basilic, origan)
½ c. à thé de zeste de citron, râpé
2 tasses (500 ml) de gruyère ou de cheddar, râpé
4 c. à soupe d'amandes effilées
Sel et poivre au goût

Le brocoli

Ce légume, l'un des plus riches en vitamine C, contient aussi du bêtacarotène, deux substances qui lui confèrent un pouvoir antioxydant remarquable. Il possède en outre une importante concentration de fibres. De nombreuses études ont montré que les personnes qui consomment régulièrement du brocoli courent moins de risques de souffrir de cancers et de maladies cardiovasculaires.

Gratin de millet à l'aubergine

Si vous ne connaissez pas le millet, voici une recette délicieuse conçue pour le découvrir et apprécier ses bienfaits.

Ingrédients
(pour deux)

2 tasses (500 ml) de millet cuit
  (voir ci-dessous)
1 c. à soupe d'huile d'olive
1 poireau, émincé finement
2 gousses d'ail, hachées finement
½ aubergine, en dés
  (environ 1 ½ tasse – 375 ml)
½ conserve de concentré de tomate
  (environ 4 c. à soupe combles)
½ c. à thé d'herbes sèches (basilic, origan)
1 pincée de flocons de piment ou plus
Sel et poivre au goût
½ tasse (125 ml) de bouillon (pp. 131-132)
¼ tasse (60 m) de pacanes, hachées
¾ tasse (180 ml) de cheddar, râpé

Préparation

⚅ Allumer le four à 350 °F (180 °C).

⚅ Dans une grande tasse à mesurer en verre, réunir l'huile, le poireau et l'ail, et chauffer au micro-ondes 1 min à puissance maximale. Ajouter les dés d'aubergine, le concentré de tomate, les herbes, les flocons de piment, le bouillon et les assaisonnements, et cuire à puissance maximale 10 min.

⚅ Dans un plat allant au four, étendre la sauce à l'aubergine, recouvrir du millet cuit, parsemer de pacanes et de cheddar, et enfourner.

⚅ Cuire 20 min et passer sous le gril 2 ou 3 min pour faire gratiner.

⚅ Servir avec une salade verte.

Le millet

Le millet est particulièrement riche en acides aminés, et sa forte concentration en silice a un effet positif sur le cholestérol sanguin et l'ossature. On le cuit comme le riz, à feu très doux, dans un peu plus de deux fois son volume d'eau durant 20 min. Faites-en cuire un peu plus, et ajoutez-en aux soupes ou faites-en des croquettes.

Sauce tomate aux lentilles

Les lentilles, ces viandes du pauvre comme on les appelle encore parfois, apportent ici leurs protéines. Parfumée aux herbes et à l'orange, cette sauce passe-partout peut servir à la confection de ragoûts, mais elle est délicieuse servie telle quelle sur des pâtes ou du riz.

Ingrédients
(pour quatre)

2 c. à soupe d'huile d'olive
1 oignon, haché
1 carotte, en dés
1 branche de céleri, en dés
4 gousses d'ail, hachées finement
1 c. à soupe d'un mélange d'herbes
  (origan, basilic, menthe)
½ c. à thé de zeste d'orange, râpé
Quelques gouttes de sauce au piment
2 filets d'anchois, rincés à l'eau froide
  et hachés
1 conserve de tomates (28 oz – 796 ml),
  mixées au mélangeur à main
½ tasse (125 ml) de lentilles rouges
  sèches, rincées et égouttées
1 c. à soupe d'huile d'olive
Sel et poivre au goût

Préparation

◎ Dans une casserole, chauffer l'huile à feu moyen et y attendrir l'oignon, les dés de carotte et de céleri. Ajouter l'ail, les herbes, le zeste d'orange et la sauce au piment, et cuire 1 min.

◎ Incorporer les anchois, les tomates, les lentilles et couvrir. Porter à ébullition, réduire le feu et laisser mijoter 30 min.

◎ Retirer du feu, laisser reposer 5 min, verser l'huile d'olive, saler et poivrer.

L'anchois

Petit poisson gras riche en oméga-3, en calcium et en vitamine D, l'anchois est très apprécié des peuples méditerranéens, qui l'intègrent à plusieurs de leurs préparations culinaires telles la tapenade et la pissaladière, et dont ils agrémentent leurs potages, leurs sauces, leurs plats de poissons et de pâtes.

Le piment

Le piment doit son goût piquant et vif à une substance, la capsaïcine, qui agit sur le mucus à la manière d'un décongestionnant. Il contient plus de vitamine C qu'une orange, mais il ne contribue que bien peu à l'apport quotidien recommandé, compte tenu de la petite quantité que l'on peut consommer à la fois.

Sauce tomate au fenouil et à l'orange

Autre version d'une sauce tomate sans viande, celle-ci, rehaussée de piment, est enrichie par le bon goût du fenouil et de l'orange.

Préparation

⦿ Dans une casserole, chauffer l'huile et y attendrir l'oignon. Incorporer les lamelles de fenouil et cuire 5 min. Ajouter l'ail, les herbes et le piment, et cuire 1 min.

⦿ Incorporer les tomates, couvrir, porter à ébullition, réduire le feu et laisser mijoter 30 min.

⦿ Entrouvrir le couvercle et cuire encore 15 min, de manière à laisser la sauce épaissir doucement.

⦿ Ajouter le zeste d'orange, goûter, saler et poivrer au besoin.

⦿ Servir sur un lit de pâtes, de céréales (riz, millet, orge) ou de légumineuses.

Ingrédients
(pour quatre)

2 c. à soupe d'huile d'olive
1 oignon, haché finement
1 bulbe de fenouil, le cœur et les parties dures enlevés, finement tranché
2 gousses d'ail, hachées finement
1 c. à thé de mélange d'herbes séchées (basilic, menthe, origan)
¼ c. à thé de flocons de piment
1 conserve de tomates (28 oz – 796 ml), mixées au mélangeur à main
Le zeste de 1 orange
Sel et poivre au goût

Touche gourmande

Ajoutez ½ tasse (125 ml) de lait de coco léger à la fin de la cuisson.

Le fenouil

Ce bulbe au bon goût anisé qui s'apparente au céleri possède des propriétés digestives dont les diabétiques et les rhumatisants voudront profiter. Le fenouil contient des vitamines en abondance, des sels minéraux et du fer. Il est également riche en bêtacarotène, un antioxydant.

Salade de couscous et de lentilles

Si vous désirez un repas vite préparé qui procure une agréable sensation de satiété, cette délicieuse salade à saveur méditerranéenne vous comblera.

Ingrédients
(pour quatre)

½ tasse (125 ml) de couscous

½ tasse (125 ml) d'eau ou de bouillon (pp. 131-132)

1 c. à soupe de jus de citron

3 c. à soupe d'huile d'olive

3 tranches d'oignon rouge, hachées finement

1 petite gousse d'ail, hachée finement

1 conserve (14 oz – 400 g) de lentilles cuites, rincées et égouttées

10 tomates cerises, tranchées

10 olives, dénoyautées et hachées

4 c. à soupe de persil frais, haché

1 c. à soupe de menthe fraîche, hachée (ou ¼ c. à thé de menthe séchée)

Sel et poivre au goût

Préparation

- Dans une petite casserole, faire bouillir l'eau ou le bouillon. Y jeter le couscous en pluie, cuire 1 min, puis retirer du feu.

- Laisser reposer 5 min, puis séparer les grains à la fourchette.

- Dans un saladier, réunir tous les ingrédients et bien mélanger.

Touche gourmande

Ajoutez des dés de féta.

La lentille

Très riche en sels minéraux – calcium, fer, manganèse, potassium, phosphore, zinc et soufre –, la lentille contient également de la vitamine A, de la thiamine et de la riboflavine, ainsi que de la vitamine C. C'est un aliment complet, véritable plat de résistance pour les travailleurs manuels.

Salade repas à la grecque

Autre version d'un plat nutritif et équilibré, cette salade repas aux pois chiches et au boulgour est ici rehaussée par le bon goût des olives de Kalamata et du citron.

Préparation

⦿ Dans une petite casserole, chauffer l'eau et verser le boulgour. Cuire de 2 à 5 min. Puis laisser reposer jusqu'à ce que l'eau soit évaporée. Transférer dans un saladier et laisser refroidir.

⦿ Ajouter tous les autres ingrédients et bien mélanger.

Ingrédients
(pour quatre)

¾ tasse (180 ml) de boulgour, rincé et égoutté
¾ tasse (180 ml) d'eau
1 conserve (14 oz – 400 ml) de pois chiches, rincés et égouttés
2 gousses d'ail, hachées finement
3 c. à soupe d'huile d'olive
3 c. à soupe d'huile de canola
1 c. à thé de menthe séchée
1 petit oignon rouge, haché
2 c. à soupe de jus de citron
½ c. à thé de zeste de citron
20 olives noires de Kalamata, dénoyautées et hachées
¼ tasse (60 ml) de feuilles de coriandre fraîche, hachées
Sel et poivre au goût

L'huile d'olive

L'huile d'olive offre une concentration élevée (environ 80 %) d'acide oléique, acide gras insaturé de type oméga-9. L'oméga-9 est un bon gras qui devrait faire partie de notre alimentation quoti-dienne, tout comme les autres acides gras essentiels oméga-3 et oméga-6. Choisissez toujours une huile extra-vierge de pre-mière pression à froid, qui a été traitée en douceur sans excès de chaleur afin de lui conserver son intégrité.

Poissons et fruits de mer

Dans cette section, vous trouverez une variété de recettes pour apprêter les fruits de mer et le poisson. Si toutes ne sont pas hypocaloriques, par exemple celles qui contiennent des poissons gras ou des pâtes, toutes ont été conçues pour procurer leurs lots de bienfaits et apporter leurs bouquets de saveur. N'oublions pas que le secret de la longévité des centenaires est fait pour une bonne part du plaisir de manger.

Riz aux fruits de mer

Ce plat délectable est une des nombreuses versions de la célèbre paella espagnole, un plat réunissant ordinairement une variété de crustacés et du poulet.

Ingrédients
(pour quatre)

1 sac de moules de 2 kg, lavées et ébarbées
¼ tasse (60 ml) de vin blanc
1 bouquet de persil
1 gousse d'ail, pelée
2 c. à soupe d'huile d'olive
1 oignon, haché finement
1 petit poivron jaune, en dés
1 petit poivron orange, en dés
2 gousses d'ail, hachées finement
2 piments jalapeno, hachés finement
½ tasse (125 ml) de tomates en conserve,
    mixées au mélangeur à main
Le jus de cuisson des moules
1 tasse environ (250 ml) de bouillon
    (pp.131-132)
1 ½ tasse (375 ml) de riz à grain long
20 crevettes crues, décortiquées et déveinées
12 gros pétoncles, coupés en deux
Quelques brindilles de safran trempées
    dans un peu d'eau chaude
Sel et poivre au goût

Préparation

◦ La cuisson se termine dans un four à 350 °F (180 °C).

◦ Dans une grande casserole, faire ouvrir les moules dans le vin blanc avec le persil et la gousse d'ail. Retirer les moules de la casserole, filtrer le jus de cuisson et réserver. Décoquiller les moules et réserver.

◦ Dans une grande casserole à fond épais, chauffer l'huile et y attendrir l'oignon. Ajouter les dés de poivron, l'ail et les piments jalapeno, et cuire 2 min.

◦ Dans une grande tasse à mesurer, réunir les tomates mixées, le jus de cuisson des moules et suffisamment de bouillon pour obtenir 3 tasses de liquide.

◦ Incorporer le riz dans la casserole, mouiller avec le mélange liquide, saler et poivrer au besoin. Porter à ébullition, réduire le feu et laisser mijoter 18 min à couvert.

◦ Incorporer les crevettes, les pétoncles et l'eau de trempage du safran (jeter les brindilles, et cuire encore 5 min à découvert ou jusqu'à ce que les crevettes aient pris une teinte rosée.

◦ Ajouter les moules, goûter, rectifier l'assaisonnement, enfourner la casserole et cuire 5 min.

Riz aux crevettes et aux calmars à l'orientale

Macérant dans deux marinades différentes, les fruits de mer cuisent ensuite dans un riz parfumé d'épices chinoises pour le plus grand plaisir de nos papilles.

Préparation

⑥ La cuisson se termine dans un four à 350 °F (180 °C).

⑥ Dans un bol, réunir les rondelles de calmar et les ingrédients de la marinade 1.

⑥ Dans un autre bol, réunir les crevettes et les ingrédients de la marinade 2.

⑥ Bien mélanger chacune des préparations, recouvrir de deux assiettes et laisser macérer au frigo 1 h ou plus en remuant de temps en temps.

⑥ Dans une casserole, chauffer l'huile à feu moyen et y attendrir les piments. Ajouter le riz, le bouillon de volaille, le jus d'orange et les épices. Porter à ébullition, réduire le feu, et laisser mijoter 20 min ou jusqu'à ce que le riz soit presque cuit.

⑥ Incorporer le zeste d'orange, la coriandre, les fruits de mer avec leur marinade et cuire encore 5 min. Goûter et rectifier l'assaisonnement au besoin.

⑥ Enfourner et cuire de 5 à 10 min pour que le plat se parfume également.

Ingrédients
(pour six)

2 c. à soupe d'huile de canola
2 petits piments, finement hachés
2 tasses (500 ml) de riz à grain long
3 tasses (750 ml) de bouillon
 (pp. 131-132)
1 tasse (250 ml) de jus d'orange
½ c. à thé de cinq-épices chinoises
1 c. à thé de zeste d'orange
¼ de tasse de feuilles de coriandre, hachées (ou de persil)
Sel et poivre au goût

Marinade 1

Un sac de rondelles de calmars de 12 oz (340 g)
2 c. à soupe d'huile de sésame
2 c. à soupe de gingembre, haché finement
2 c. à soupe de sauce tamari légère

Marinade 2

40 grosses crevettes crues, décortiquées et déveinées
2 c. à soupe d'huile de canola
2 gousses d'ail, hachées finement
1 c. à thé de zeste de limette
1 c. à soupe de vinaigre de riz

Nouilles thaïes aux crevettes

Voici une recette délicieuse et toute simple qu'apprécieront les gens qui ont peu de temps pour cuisiner.

Ingrédients
(pour quatre)

4 oz (125 g) de nouilles de riz
⅓ c. à thé de pâte de cari thaïe
⅓ c. à thé de mélange thaï (p. 148)
4 c. à soupe de concentré de tomate
4 c. à soupe de bouillon (pp. 131-132)
1 c. à soupe d'huile de canola
½ lb (227 g) de crevettes crues,
    décortiquées et déveinées
2 oignons verts, émincés
½ lb (227 g) de pois mange-tout
4 c. à soupe de graines de sésame
4 c. à soupe de feuilles de coriandre,
    hachées

Préparation

⑥ Dans une casserole d'eau bouillante, cuire les nouilles en suivant les instructions sur l'emballage.

⑥ Dans un bol, réunir la pâte de cari, le mélange thaï, le concentré de tomate et le bouillon. Réserver.

⑥ Chauffer un poêlon ou un wok à feu moyen-vif, verser l'huile, et y faire revenir les crevettes et les oignons verts 1 min.

⑥ Ajouter la préparation au cari, cuire 1 min, puis ajouter les pois mange-tout, et cuire encore 2 ou 3 min.

⑥ Incorporer les nouilles cuites, les graines de sésame et les feuilles de coriandre, mélanger sur feu vif jusqu'à ce que le tout soit bien chaud.

⑥ Répartir dans quatre bols et servir.

La crevette

On prétend que la crevette fait augmenter le taux de cholestérol, mais s'il est vrai qu'elle est riche en cholestérol, elle est faible en gras saturés – elle en contient moins que le tofu – et riches en acides gras oméga-3, deux atouts qui en font un choix santé même pour les personnes souffrant d'hypercholestérolémie. Elle est également une bonne source de sélénium, un oligoélément qui permet de lutter contre la formation de radicaux libres dans l'organisme, et de vitamine B_{12}, excellente pour l'entretien des cellules nerveuses.

Salade de crevettes à la papaye

Inspirée d'une recette thaïe, cette salade savoureuse se prépare rapidement. Elle a le mérite d'associer deux nutriments précieux, la vitamine C de la papaye et le fer de la crevette et de l'épinard.

Ingrédients
(pour quatre)

1 papaye mûre, égrenée* et détaillée en bouchées

40 crevettes cuites, décortiquées

4 c. à soupe de yogourt

2 c. à soupe de mayonnais à la ricotta (p. 138)

¼ c. à café de pâte de cari rouge

2 bouquets de feuilles de coriandre fraîche, ciselées

Sel et poivre au goût

2 kiwis, pelés et tranchés, des feuilles d'épinard et 4 olives noires pour garnir

* *On peut, si on le désire, laver les graines de papaye, les assécher et les moudre dans un moulin à épices jusqu'à ce qu'elles aient l'apparence de grains de poivre, et en saupoudrer quelques-unes sur cette entrée rafraîchissante.*

Préparation

⑥ Dans un grand saladier, préparer la sauce en mélangeant le yogourt, la mayonnaise, la pâte de cari et les feuilles de coriandre.

⑥ Disposer les crevettes et les bouchées de papaye dans le plat, et mélanger délicatement pour bien enrober les crevettes ainsi que les bouchées de papaye.

⑥ Disposer des feuilles d'épinard et les tranches des kiwis dans quatre coupes à dessert, et verser dans chacune le quart de la préparation aux crevettes.

La papaye

La chair juteuse et sucrée du fruit du papayer, qui s'apparente au melon et à la pastèque, est particulièrement riche en vitamines A, B et C, en sels minéraux et en bêtacarotène.

Moules gratinées

Simplement servies sur un lit de riz complet, agrémentées d'une sauce tomate rosée et relevées d'ail, ces moules sont délicieuses.

Préparation

⊚ Allumer le four à 375 °F (190 °C).

⊚ Dans un plat allant au four, étendre le riz cuit.

⊚ Dans une grande casserole, réunir les moules et le vin blanc. Couvrir, porter à ébullition et cuire de 3 à 5 min jusqu'à ce que toutes les moules soient ouvertes.

⊚ Égoutter les moules en conservant le liquide de cuisson, jeter celles qui sont fermées, les laisser tiédir et les débarrasser de leurs coquilles. Déposer les moules dans le plat allant au four sur le lit de riz.

⊚ Dans une petite casserole, faire fondre la margarine à feu moyen et y attendrir l'ail sans le colorer. Ajouter les épices, la farine, le jus de cuisson des moules, les tomates et bien mélanger. Incorporer le lait de soja, la ciboulette ou le persil, laisser épaissir, saler et poivrer.

⊚ Retirer du feu et napper les moules de cette sauce.

⊚ Saupoudrer de parmesan, enfourner et cuire 20 min ou jusqu'à ce que la sauce commence à bouillonner.

Ingrédients
(pour quatre)

3 tasses (750 ml) de riz complet, cuit

2 lb (908 g) de moules fraîches, grattées, ébarbées et rincées

½ tasse (125 ml) de vin blanc

3 c. à soupe de margarine non hydrogénée

4 gousses d'ail, hachées finement

½ c. à thé de mélange à chili (p. 146)

1 ½ tasse (375 ml) de tomates en conserve, mixées au mélangeur à main

3 c. à soupe combles de farine non blanchie

¾ tasse (180 ml) de lait de soja sans sucre

4 c. à soupe de ciboulette ou de persil, haché

Sel et poivre au goût

4 c. à soupe de parmesan, râpé

La moule

Riche en calcium, la moule contient en outre plusieurs minéraux, phosphore, fer, zinc, sélénium, cuivre, ainsi que des vitamines du groupe B. Comme tous les fruits de mer, sa teneur en antioxydants la rend précieuse pour lutter contre les radicaux libres dont les effets sont très néfastes sur l'organisme.

Poissons et fruits de mer

Spaghettinis du pêcheur

Les amateurs de pâtes bien relevées apprécieront cette recette qui permet de profiter du bon goût et des bienfaits du poisson.

Ingrédients

(pour quatre)

¾ lb (375 g) de spaghettinis
2 c. à soupe d'huile d'olive
1 oignon, haché finement
1 poivron jaune, épépiné et tranché en lanières
2 piments jalapenos, hachés finement
3 gousses d'ail, hachées finement
2 tasses (500 ml) de tomates en conserve, mixées au mélangeur à main
¼ tasse (60 ml) de vin blanc
4 filets d'anchois, rincés et hachés
Quelques brindilles de safran trempées dans 2 c. à soupe d'eau tiède
Sel et poivre au goût
¼ c. à thé de flocons de piment
2 c. à soupe de feuilles de basilic
2 filets de flétan (ou d'un autre poisson blanc), coupés en bouchées

Préparation

⚬ Dans une casserole d'eau bouillante salée, cuire les pâtes *al dente* en suivant les instructions sur l'emballage. Égoutter et réserver.

⚬ Pendant la cuisson des pâtes, dans un poêlon à fond épais, chauffer l'huile à feu moyen, et y attendrir l'oignon, le poivron et les jalapenos durant 4 min. Ajouter l'ail, les tomates, le vin blanc, les filets d'anchois et l'eau de trempage du safran (jeter les brindilles). Porter à ébullition, réduire le feu et laisser mijoter 20 min, le couvercle entrouvert.

⚬ Goûter, saler et poivrer au besoin, ajouter les flocons de piment et de basilic, puis incorporer les bouchées de poisson. Laisser mijoter de 5 à 7 min jusqu'à ce que le poisson soit cuit.

⚬ Servir sur les pâtes cuites.

Le piment

Le piment doit son goût piquant et vif à une substance, la capsaïcine, qui agit sur le mucus à la manière d'un décongestionnant. Il contient plus de vitamine C qu'une orange, mais il ne contribue que bien peu à l'apport quotidien recommandé, compte tenu de la petite quantité que l'on peut consommer à la fois.

Poissons et fruits de mer

232

Courge spaghetti au saumon

Vous avez envie de pâtes sans les calories qui viennent avec ? Remplacez-les par une courge spaghetti nappée d'une onctueuse béchamel au cari et au saumon.

Ingrédients

(pour deux)

1 petite courge spaghetti

2 c. à soupe rases de margarine non hydrogénée

1 échalote sèche ou 1 petit oignon, haché

1 c. à thé de poudre de cari (ou d'un mélange d'herbes : estragon, origan)

2 c. à soupe combles de farine non blanchie

1 tasse (250 ml) de liquide (jus de saumon complété par du lait de soja)

½ conserve de saumon sockeye (la moitié d'une boîte de 8 oz – 227 g), émietté à la fourchette

3 c. à soupe de persil, haché

Sel et poivre au goût

⅓ tasse (75 ml) de fromage râpé de votre choix

La courge spaghetti

La courge spaghetti appartient à la catégorie des courges d'hiver, riches en vitamine A et en fibres, et très peu caloriques. Sa chair, une fois cuite, présente la particularité de se détacher aisément en filaments, qui s'apparentent à des spaghettis. Son goût, plus subtil que celui des pâtes alimentaires, peut évoquer la saveur du maïs, mais il est plus velouté et moins sucré.

Préparation

☙ À l'aide d'un bon couteau, incisez profondément la courge en plusieurs endroits.

☙ La déposer dans un plat allant au micro-ondes et cuire 10 min à puissance maximale.

☙ Retourner la courge et poursuivre la cuisson encore 10 min, toujours à puissance maximale. Laisser reposer 5 min.

☙ Pendant la cuisson de la courge, préparer une béchamel en faisant fondre la margarine.

☙ Y attendrir l'échalote ou l'oignon doucement 3 min, ajouter le cari ou les herbes, puis la farine et le liquide. Ajouter le persil, le saumon, assaisonner de sel et de poivre au goût, mais pas trop, le saumon est déjà salé.

☙ Lorsque la courge est prête, la couper en deux sur la largeur et retirer les pépins pour ne conserver que la chair.

☙ Répartir la sauce au saumon sur chaque moitié, saupoudrer de fromage et faire gratiner au four de 3 à 5 min.

☙ Déguster avec une salade de légumes.

Tarte au saumon sans croûte

Une quiche sans fromage et sans croûte, faite avec peu de gras et juste un œuf, donne une texture moelleuse qui requiert un minimum d'efforts et procure un maximum de goût.

Préparation

- Allumer le four à 350 °F (180 °C).

- Dans un bol, mélanger l'œuf battu avec le saumon émietté, le yogourt, la purée de pois chiches, le jus et le zeste de citron, l'échalote hachée, l'estragon et le lait de soja, et bien mélanger à la cuillère de bois.

- Dans un poêlon, faire fondre la margarine et y cuire les épinards sur feu moyen-doux, à couvert, jusqu'à ce qu'ils aient ramolli. Assaisonner de muscade, de sel et de poivre. Réserver.

- Dans un moule à tarte généreusement badigeonné de margarine, étendre la préparation au saumon et recouvrir des épinards.

- Enfourner et cuire de 30 à 35 min ou jusqu'à ce que la surface soit sèche.

- Servir avec une salade de légumes.

Ingrédients
(pour quatre)

1 œuf, battu
8 oz (217 g) de saumon sockeye en conserve, émietté dans son jus
¼ tasse (60 ml) de yogourt nature
1 tasse (250 ml) de pois chiches, rincés et réduits en purée au robot culinaire
1 c. à soupe comble de jus de citron
½ c. à thé de zeste de citron, râpé
1 petite échalote sèche, hachée finement
½ c. à thé d'estragon
¼ tasse (60 ml) de lait de soja sans sucre
1 c. à soupe de margarine non hydrogénée
½ botte d'épinards frais, lavés et essorés
1 pincée de muscade
Sel et poivre au goût
1 c. à thé de margarine non hydrogénée

Poissons et fruits de mer

L'estragon

Cette plante à l'arôme délicat contient du fer et du manganèse, du calcium et de la vitamine C. L'estragon a la réputation de faciliter la digestion, de nettoyer l'intestin, de détendre le système nerveux et de combattre l'insomnie. Compagnon apprécié des champignons, il parfume subtilement les quiches, le poulet, le veau, les poissons blancs et le saumon. Dans une salade, il permet de remplacer le sel.

Darnes de saumon à la japonaise

Aromatisées de miso et de saké, ces darnes savoureuses composent un repas substantiel riche en acides gras oméga-3.

Ingrédients

(pour quatre)

4 darnes de saumon de 4 oz (125 g)
   chacune
2 c. à soupe de miso
3 c. à soupe de saké
4 c. à soupe de graines
   de sésame

Préparation

◦ Allumer le four à 425 °F (220 °C).

◦ Dans un petit bol, réunir le miso et le saké, et bien mélanger.

◦ Badigeonner les darnes de la moitié de cette préparation, les saupoudrer de 2 c. à soupe de graines de sésame et les placer sur une plaque à cuisson doublée d'un papier parchemin.

◦ Enfourner et cuire 6 min.

◦ Sortir les darnes du four, les retourner, les recouvrir du reste de la préparation au miso et les saupoudrer du reste des graines de sésame. Cuire encore 4 min ou jusqu'à ce que la chair du poisson se défasse à la fourchette.

◦ Servir avec des légumes vapeur et un riz blanc.

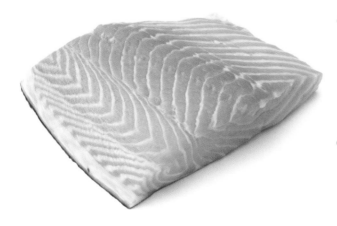

Le saumon

Ce poisson à la chair fine et délicate, bien pourvu en acides gras oméga-3, possède des propriétés anti-inflammatoires et est également riche en vitamine D, qui participe à la formation des os et à leur maintien. C'est parmi les poissons gras l'un des plus gras, mais il contient moins de matières grasses que la viande rouge et son gras est bon pour la santé. Dans la perspective d'un régime pauvre en calories, réduisez-en les portions et accompagnez-les de légumes vapeur ou de crudités.

Filets de poisson tandoori

Même les personnes qui ne raffolent pas du poisson seront comblées par ce plat parfumé. Cette sauce à base de yogourt et d'épices aromatise aussi les poitrines de dinde et de poulet.

Ingrédients
(pour quatre)

4 filets de poisson blanc (flétan, morue ou plie) de 4,5 oz (130 g) chacun
1 gousse d'ail, hachée finement
⅓ tasse (75 ml) de yogourt nature
1 c. à thé de mélange indien (p. 147) ou malais (p. 146), ou de poudre de cari
½ c. à thé de curcuma
¼ c. à thé de flocons de piment ou de mélange à chili (p. 146)
1 c. à thé rase de miel
1 c. à soupe d'huile de canola
Sel et poivre au goût

Préparation

⚬ Allumer le four à 425 °F (220 °C).

⚬ Dans un plat suffisamment grand pour contenir les filets, réunir l'ail, le yogourt, les épices, le miel et l'huile.

⚬ Saler et poivrer les filets, les déposer dans la marinade et les en imprégner. Faire mariner 2 h au frigo.

⚬ Étaler les filets sur des carrés de papier parchemin, replier le papier et le refermer de manière à former des papillotes. Mettre sur une plaque à cuisson et enfourner.

⚬ Cuire de 12 à 15 min selon la grosseur des filets.

Le yogourt

Lorsqu'il est exempt d'additifs et qu'il n'est pas trop sucré, le yogourt se révèle un aliment réellement bénéfique pour la santé. Il contient du calcium, du phosphore, du potassium, ainsi que des vitamines A et B. Les bactéries contenues dans le yogourt ont le pouvoir de prévenir les infections mycosiques, de stimuler les bactéries bienfaisantes et de détruire celles qui sont nocives pour l'organisme.

Filets de poisson, sauce au citron

Pour agrémenter un filet de poisson blanc, nappez-le d'une sauce parfumée au citron et aux herbes.

Préparation

⑥ Dans un plat allant au micro-ondes, faire fondre la margarine et y ajouter le jus de citron. Saupoudrer les filets d'épices (ou de poivre vert), de sel et de poivre, et déposer dans le plat.

⑥ Couvrir d'une pellicule plastique sans serrer et cuire 2 min à puissance moyenne-élevée. Retourner les filets et, au besoin, cuire encore 1 min à puissance moyenne-élevée. Laisser reposer.

⑥ Dans une petite casserole, chauffer la margarine, y ajouter la farine en remuant, puis mouiller avec le bouillon. Cuire quelques minutes en remuant jusqu'à ce que la sauce épaississe. Ajouter le zeste et le jus de citron, les feuilles de coriandre et assaisonner.

⑥ Lorsque les filets ont reposé, les glisser dans une assiette et verser le jus de cuisson dans la sauce.

⑥ Servir les filets nappés de sauce avec du riz et des légumes vapeur.

Ingrédients
(pour deux)

2 filets de poisson blanc (flétan, morue ou plie) de 4,5 oz (130 g) chacun
1 c. à soupe de margarine non hydrogénée
1 c. à soupe de jus de citron
¼ c. à thé d'un mélange de grains de poivre, de moutarde et de carvi (ou 1 c. à soupe de poivre vert conservé dans le vinaigre ou la saumure)
Sel et poivre au goût

Sauce au citron

1 c. à soupe de margarine non hydrogénée
1 c. à soupe comble de farine non blanchie
⅔ tasse (150 ml) de bouillon (pp. 131-132)
½ c. à thé de zeste de citron
1 c. à thé de jus de citron
2 c. à soupe de feuilles de coriandre fraîche, hachées (ou de persil)
Sel et poivre au goût

Poissons et fruits de mer

Le citron

Riche en vitamine C, le citron contient aussi des sels minéraux et des oligoéléments. Les recherches ont montré que, grâce à ses propriétés antioxydantes, il prévient la progression de cancers et retarde le vieillissement. Son jus et son écorce sont très prisés en cuisine, et il rend de multiples services d'entretien dans la maison.

Filets de tilapia grillés à l'orientale

Voici une recette express qui ne requiert que peu d'ingrédients. On peut aussi bien cuire le poisson sur le barbecue que dans un poêlon à fond cannelé.

Ingrédients
(pour quatre)

4 filets de tilapia
1 c. à thé de miso
1 c. à soupe d'huile de sésame
1 c. à thé de sauce tamari légère
3 c. à soupe d'huile de canola
½ c. à thé de mélange thaï (p. 148)

Variante à la grecque

4 filets de tilapia
3 c. à soupe d'huile d'olive
1 c. à soupe de jus de citron
½ c. à thé de zeste de citron
1 mélange d'herbes fraîches ou séchées

Préparation

⚬ Dans une assiette à tarte en verre, réunir les ingrédients de la marinade – miso, huile de sésame, sauce tamari, huile de canola et épices thaïes, et bien mélanger. Y déposer les filets et les faire macérer 30 min à la température de la pièce.

⚬ Cuire sur un barbecue électrique ou dans une poêle à fond cannelé 3 min de chaque côté.

Le tilapia

Riche en sélénium, en phosphore et en vitamines D et B_{12}, le tilapia renferme aussi de précieux acides gras oméga-3.

La cuisson au barbecue

La cuisson au barbecue exige quelques précautions. Les aliments que l'on cuit entre 300 et 600 °F développent des hydrocarbures cancérigènes. Des chercheurs ont cependant découvert que des pièces de viande maintenues à 4 po (10 cm) des braises ne produisent pas d'hydrocarbures. Ces composés ne se formeront pas si la graisse ne s'écoule pas sur la braise. Il est toutefois impératif de nettoyer les grilles de cuisson fréquemment, voire après chaque utilisation, pour éviter que les hydrocarbures fixés aux grilles pendant la cuisson ne contaminent les aliments. Pour ma part, je me sers d'un barbecue électrique qui ne fait courir aucun risque à ma santé.

Cari de pétoncles et de tilapia

Préparé avec une sauce parfumée au lait de coco, ce plat est idéal pour un souper en tête-à-tête.

Préparation

⊙ Dans un poêlon, faire fondre la marga-rine et y attendrir l'échalote. Ajouter l'ail et le gingembre, et cuire 1 min.

⊙ Incorporer la poudre et la pâte de cari diluée, puis la farine, et bien mélanger.

⊙ Mouiller avec le bouillon et le lait de coco, ajouter le pak-choï et laisser épaissir la sauce.

⊙ Plonger les morceaux de tilapia dans la sauce, pocher 2 min, puis incorporer les pétoncles et pocher encore 2 min ou jusqu'à ce qu'ils soient cuits.

⊙ Rectifier l'assaisonnement, ajouter la coriandre et le zeste de citron.

⊙ Servir sur un nid de riz basmati.

Ingrédients
(pour deux)

2 c. à soupe rases de margarine non hydrogénée
1 échalote sèche, hachée finement
1 gousse d'ail, hachée finement
1 c. à soupe de gingembre frais, haché finement
½ c. à thé de mélange indien (p. 147) ou de poudre de cari
¼ c. à thé de pâte de cari diluée dans 1 c. à soupe d'eau
2 c. à soupe combles de farine non blanchie
⅔ tasse (150 ml) de bouillon (pp. 131-132)
⅓ tasse (75 ml) de lait de coco léger
1 petit pak-choï, émincé
2 filets de tilapia (env. 175 g), coupé en morceaux
8 pétoncles moyens, rincés
Sel et poivre au goût
4 c. à soupe de coriandre fraîche, hachée
½ c. à thé de zeste de limette (ou de citron)

Le pétoncle

À l'instar de la crevette, le pétoncle est riche en acides gras oméga-3 et faible en gras saturés. Peu calorique, son goût de noisette et la finesse de sa chair en font un choix santé nutritif et savoureux.

Flétan poché aux tomates cerises

Cette autre recette express se prépare sur la cuisinière et réunit les saveurs qui ont fait la réputation de la cuisine méditerranéenne, huile, oignon, ail, tomate et basilic.

Ingrédients
(pour quatre)

4 petits filets de flétan
Sel et poivre au goût
2 c. à soupe d'huile d'olive
1 oignon rouge ou blanc, haché finement
2 gousses d'ail, hachées finement
1 barquette de tomates cerises, tranchées
½ tasse (125 ml) de vin blanc sec
4 c. à soupe de basilic frais haché
2 c. à soupe de persil frais, haché

Le basilic

À l'instar de la plupart des fines herbes, le basilic renferme des antioxydants qui luttent contre les effets nocifs des radicaux libres, ces agents destructeurs dont les effets sur l'organisme peuvent se comparer à ceux que produit la rouille sur du métal.

Préparation

◉ Saler et poivrer le flétan.

◉ Dans une grande poêle, chauffer l'huile et y attendrir l'oignon à feu doux en remuant de temps à autre.

◉ Ajouter l'ail, les tomates, saler et poivrer. Augmenter l'intensité du feu et cuire 5 min.

◉ Disposer les filets de flétan sur les légumes et mouiller avec le vin blanc.

◉ Couvrir, porter à ébullition à feu moyen. Dès l'atteinte du point d'ébullition, diminuer l'intensité du feu et retourner les filets. Couvrir et laisser mijoter de 3 à 5 min.

◉ Disposer les filets sur un plat de service et garder au chaud.

◉ Ajouter le basilic et le persil, faire bouillir le reste du liquide à feu vif afin d'épaissir la sauce et verser sur le poisson.

◉ Servir sans attendre avec du riz ou une salade de légumes.

Viandes

Manger moins de viande, d'accord. Nous, baby-boomers, savons tous que les viandes rouges dont nous avons largement abusé au cours de notre vie ont engorgé nos artères de leurs gras saturés et nous sommes prêts à nous en priver. En revanche, les volailles et le lapin demeurent des choix santé qui peuvent satisfaire nos besoins en protéines animales et assouvir nos instincts de carnivore.

Poitrines de canard aux épices

Le canard macère dans un sauce au saké rehaussée de gingembre et d'orange. Poêlé, il est ensuite passé au four où les saveurs des épices achèvent de le parfumer.

Ingrédients (pour quatre)

2 poitrines de canard de 400 g
(½ poitrine par personne)

1 c. à thé d'un mélange de grains moulus : poivre, moutarde, fenouil et coriandre

1 c. à soupe d'huile de canola

2 gousses d'ail, tranchées finement

1 morceau de gingembre, tranché finement (2 c. à soupe)

2 c. à soupe de sauce tamari légère

2 c. à soupe de saké

⅔ tasse (150 ml) de vin blanc

1 tasse (250 ml) d'une infusion de thé vert

1 c. à soupe de fécule de maïs délayée dans le jus de 1 clémentine

1 c. à thé de zeste d'orange

Sel et poivre au goût

Préparation

- La cuisson se fait au four à 400 °F (200 °C).

- À l'aide d'un couteau, faire dans la peau des poitrines des entailles en forme de losange. Dans une assiette creuse, déposer le mélange d'épices et y presser la partie chair du canard.

- Dans l'assiette creuse, réunir l'huile, l'ail, le gingembre, la sauce tamari et le saké, y déposer les poitrines, la peau sur le dessus. Couvrir et faire mariner au frigo environ 3 h.

- Sortir le canard du frigo 30 min avant de le cuire. Retirer de la marinade, filtrer celle-ci et réserver.

- Chauffer une poêle épaisse allant au four et y dorer les poitrines, côté peau dessous, pendant 3 min. Retourner, et dorer l'autre côté 2 min.

- Jeter le jus de cuisson, retourner de nouveau les poitrines, côté peau dessous, y verser la marinade filtrée, couvrir d'un carré de papier alu, enfourner et cuire 10 min pour une cuisson rosée, 20 min pour une cuisson complète.

- Pour faire la sauce, retirer le canard de la poêle et le garder au chaud (par exemple, dans un plat dans le four éteint). Jeter le gras de cuisson.

- Déglacer la poêle avec le vin blanc et l'infusion, porter à ébullition et laisser réduire de moitié.

- Dans un petit bol, diluer la fécule avec le jus de clémentine, y incorporer le zeste et bien mélanger. Réchauffer cette préparation en y ajoutant quelques cuillerées à soupe du mélange vin blanc-infusion, saler et poivrer, puis verser le tout dans la poêle et cuire jusqu'à ce que la sauce épaississe.

- Retirer les poitrines du four, les couper en deux moitiés et servir chaque portion en la nappant de sauce.

- Servir avec du riz et des haricots verts.

Viandes

Cuisses de canard en chemise

La cuisson en papillote mélange habilement les saveurs et imprègne la viande du parfum des épices. Voici une recette qui agrémente avec bonheur la chair savoureuse du canard.

Ingrédients

(pour quatre)

4 cuisses de canard, la peau enlevée

Marinade

3 gousses d'ail, hachées finement
1 bon morceau de gingembre frais, pelé et haché finement (env. 2 c. à soupe)
1 c. à soupe d'herbes salées
4 c. à soupe de jus d'orange frais ou le jus d'une clémentine
1 c. à thé de zeste d'orange, râpé
4 c. à soupe de vin blanc
4 anis étoilés
Poivre, au goût

Préparation

◎ La cuisson se fait dans un four à 375 °F (190 °C).

◎ Dans un saladier, réunir les ingrédients de la marinade : l'ail, le gingembre, les herbes salées, le zeste et le jus d'orange (ou de clémentine), le vin blanc et les anis étoilés. Y faire macérer les cuisses de 3 à 4 h.

◎ Retirer les cuisses de la marinade. Chauffer un poêlon et y dorer la viande de tous les côtés.

◎ Déposer sur quatre feuilles de papier parchemin, garnir chaque cuisse de 2 c. à soupe de marinade et d'un anis étoilé, poivrer, puis replier et former une papillote. Recouvrir d'une grande feuille de papier alu et bien refermer. Enfourner et cuire 1 h.

◎ Servir la cuisse en la nappant de la sauce qui s'est déposée sur le papier.

◎ Servir avec du riz brun et des légumes vapeur.

Le canard

Si le canard est bel et bien considéré comme une viande grasse, son gras possède pour la santé des avantages précieux si on le compare aux autres gras d'origine animale. La chair succulente du canard contient en effet de nombreux nutriments essentiels au maintien de la santé et une forte teneur en gras monoinsaturés qui contribuent à lutter contre diverses maladies, notamment le diabète et les maladies cardiovasculaires.

Lapin au citron

Parfumé de cumin, de coriandre, de curcuma, de cannelle, de clou et de citron, ce lapin est un plat original que vous aimerez servir en réception.

Préparation

⚅ Dans une grande casserole, chauffer l'huile et y faire revenir les morceaux de lapin de tous les côtés. Retirer de la casserole et réserver.

⚅ Dans la même casserole, attendrir le poireau. Ajouter l'ail, le gingembre et le mélange d'épices, et cuire 1 min.

⚅ Verser 1 tasse de bouillon, porter à ébullition, remettre le lapin, réduire le feu et laisser mijoter à couvert 45 min à feu très doux.

⚅ Ajouter le jus et le zeste de ciron, le reste du bouillon au besoin ainsi que les olives noires, et cuire encore 15 min. Goûter et assaisonner au besoin.

⚅ Au moment de servir, garnir chaque morceau de lapin d'une tranche de citron et de coriandre, et napper de sauce.

⚅ Servir avec un légume vert, des haricots ou des épinards.

Ingrédients
(pour quatre)

2 c. à soupe d'huile d'olive
1 lapin de 2 ½ lb (1,2 kg), coupé en six morceaux
1 poireau, émincé
3 gousses d'ail, hachées finement
1 c. à soupe de gingembre frais, haché finement
1 c. à thé de mélange marocain (p. 147)
1 ½ tasse (375 ml) de bouillon de poulet (p. 131)
Le jus de ½ citron, le reste tranché finement
Le zeste de 1 citron
12 olives noires, dénoyautées et hachées
Sel et poivre au goût
4 c. à soupe de feuilles de coriandre fraîche, ciselées

Viandes

Touche gourmande

Ajoutez quatre pruneaux dénoyautés et hachés avec le bouillon.

Le lapin

La viande du lapin, faible en gras et riche en protéines, rappelle celle du poulet, en plus tendre et en plus savoureuse. Le lapin, parce qu'il déborde de vitamines et de minéraux, notamment les vitamines B_3 et B_{12}, le phosphore et le sélénium, mérite une place de choix sur la table des personnes qui désirent se nourrir sainement.

Lapin au fenouil

Le lapin possède une chair tendre et délectable que la cuisson au four parfume ici de fenouil et d'orange. C'est un plat délicieux que vous aimerez servir en réception.

Ingrédients
(pour quatre)

1 lapin de 3 lb (1,5 kg), coupé en morceaux

2 c. à soupe de moutarde de Dijon

2 c. à soupe d'huile d'olive

1 bulbe de fenouil, le cœur enlevé, coupé en quatre

2 carottes, en bâtonnets

1 petit oignon, en moitiés

3 gousses d'ail, hachées

½ tasse (125 ml) de vin rouge

¾ tasse (180 ml) de bouillon de poulet (p. 131)

Sel et poivre au goût

1 c. à thé de zeste d'orange, râpé

¼ tasse (60 ml) de crème 15 %

Le fenouil

Ce légume bulbe au bon goût anisé qui s'apparente au céleri possède des propriétés digestives dont les diabétiques et les rhumatisants voudront profiter. Il contient des vitamines en abondance, des sels minéraux et du fer. Il est également riche en bêtacarotène.

Préparation

⚘ Allumer le four à 325 °F (160 °C).

⚘ Badigeonner de moutarde les morceaux de lapin.

⚘ Dans une grande casserole allant au four, chauffer 1 c. à soupe d'huile à feu moyen et y faire revenir les morceaux de lapin de tous les côtés. Retirer et réserver. Dans la même casserole, ajouter le reste de l'huile, et faire revenir les quartiers de fenouil, les bâtonnets de carotte, l'oignon et l'ail. Mouiller avec le vin rouge et le bouillon, remettre le lapin, et assaisonner de sel et de poivre.

⚘ Couvrir, porter à ébullition, puis enfourner.

⚘ Cuire 1 h ou jusqu'à ce que le lapin soit très tendre.

⚘ Pour faire la sauce, retirer de la casserole ½ tasse de jus de cuisson et verser dans une petite casserole avec la crème et le zeste d'orange,. Réchauffer et épaissir avec 1 c. à soupe de beurre manié*.

⚘ Servir avec des pâtes courtes et un légume vert.

* Pour faire un « beurre manié santé », il suffit de réunir 1 c. à soupe de margarine non hydrogénée, 1 c. à soupe de farine non blanchie et 1 c. à thé de moutarde de Dijon.

Cailles marinées à l'étuvée

Ces cailles savoureuses et peu caloriques composent un mets de réception que vous aimerez servir avec une purée de panais et de patate douce (p. 269).

Ingrédients
(pour quatre)

4 cailles
1 c. à soupe d'huile de canola
4 petits oignon verts, émincés finement
2 c. à soupe de miel
2 c. à soupe de saké (ou de vin blanc)
¼ c. à thé de cinq-épices chinoises
½ c. à thé de zeste d'orange

Marinade

2 gousses d'ail, émincées
1 morceau de gingembre, pelé et émincé
⅓ tasse (75 ml) de vin blanc
1 c. à soupe de sauce tamari légère
Le jus de 1 clémentine

Préparation

⚬ Dans un saladier, réunir les ingrédients de la marinade : l'ail, le gingembre, le vin blanc, la sauce tamari et le jus de clémentine. Y faire macérer les cailles 4 h. Au moment de les cuire, les retirer de la marinade et les essuyer avec des essuie-tout. Filtrer la marinade et réserver.

⚬ Dans un poêlon, chauffer l'huile à feu moyen-vif et y faire revenir les cailles de tous les côtés. Retirer du poêlon et réserver.

⚬ Dans le même poêlon, attendrir les oignons verts. Ajouter le miel, le saké, les épices et le zeste d'orange, remettre les cailles, couvrir, et cuire 20 min ou jusqu'à ce que les cailles soient cuites.

⚬ Pour faire la sauce, retirer les cailles du poêlon et les garder au chaud. Porter le jus de cuisson à ébullition, y verser la marinade filtrée et laisser réduire jusqu'à la consistance désirée.

La caille

La chair de la caille est très estimée, car c'est une viande délicate, tendre et peu grasse. Elle se mange rôtie, braisée ou grillée, et s'harmonise bien avec les raisins et les petits fruits, les olives, les pruneaux et le citron.

Poulet rôti à la pâte d'épices

Cette façon inusitée de cuire le poulet, en insérant une pâte parfumée sous la peau, l'attendrit et l'aromatise de façon exquise.

Préparation

- ⚅ La cuisson se fait dans un four à 350 °F (180 °C).

- ⚅ Dans un bol, réunir l'ail, les zestes, les épices, le concentré de tomate et la sauce de poisson. Bien mélanger, saler et poivrer.

- ⚅ Étaler cette pâte sous la peau du poulet et dans la cavité.

- ⚅ Verser l'huile sur le poulet et l'étendre avec les mains sur toute sa surface.

- ⚅ Déposer dans une lèchefrite, enfourner et cuire 30 min.

- ⚅ Arroser avec quelques cuillerées de vin blanc, recouvrir d'une feuille de papier alu et cuire 30 min de plus.

- ⚅ Retirer le papier alu et cuire encore 30 min.

- ⚅ Pour faire la sauce, retirer le poulet du four et le garder au chaud. Filtrer le jus de cuisson et le conserver pour un autre usage. Déglacer la lèchefrite avec le bouillon et laisser réduire quelques minutes.

- ⚅ Découper le poulet, et servir avec une purée de légumes ou des légumes vapeur.

Ingrédients
(pour quatre et plus)

1 poulet de 3 lb (1,36 kg)
5 gousses d'ail, hachées finement
1 c. à thé de zeste de citron, râpé
1 c. à thé de zeste de limette, râpé
¼ c. à thé de mélange à chili (p. 146)
½ c. à thé de mélange maghrébin (p. 147)
1 c. à soupe de concentré de tomate délayée dans 1 c. à soupe de bouillon
1 c. à soupe de sauce de poisson (nuoc nam)
1 c. à soupe d'huile de canola
4 c. à soupe de vin blanc
½ tasse (125 ml) de bouillon de poulet

Viandes

Variante méditerranéenne à la pâte aux herbes

Remplacez le mélange à chili et le mélange maghrébin par 1 c. à thé d'herbes de Provence, remplacez le zeste de limette par du zeste d'orange et omettez la sauce de poisson.

Brochettes de poulet à l'orientale

Les cubes de poulet macèrent ici dans une marinade parfumée d'épices thaïes et sont servis avec une sauce crémeuse au miso.

Ingrédients
(pour quatre)

1 lb (450 g) de poitrines de poulet désossées et sans peau, en cubes
2 c. à soupe de jus de citron
2 c. à soupe de sauce tamari légère
4 c. à soupe d'huile de canola
1 c. à thé de mélange thaï (p. 148)
¼ tasse (60 ml) de jus d'orange ou d'une infusion de thé
Zeste de 1 limette, en lanières
2 gousses d'ail, en tranches fines
4 fines tranches de gingembre

Sauce au miso et au yogourt

2 c. à thé rases de miso
2 c. à thé rases de sirop d'érable
2 c. à soupe de sauce tamari légère
8 c. à soupe de yogourt égoutté
1 c. à thé de zeste d'orange

Préparation

⚅ Dans un bol, réunir les ingrédients de la marinade – jus de citron, sauce tamari, huile, mélange d'épices, zeste de limette, jus d'orange, ail et gingembre – et bien mélanger.

⚅ Ajouter les cubes de poulet et bien les enrober de la marinade. Réfrigérer 1 h ou plus.

⚅ Dans un petit bol, préparer la sauce en réunissant tous les ingrédients et réfrigérer.

⚅ Le temps de macération écoulé, retirer les morceaux de poulet de la marinade et les enfiler sur des brochettes.

⚅ Dans une poêle à fond cannelé (ou sur le barbecue électrique), cuire les brochettes 10 min en les retournant aux 3 min.

⚅ Servir avec la sauce au miso et du riz.

Le miso

Pâte de soja fermentée qu'on utilise abondamment dans la cuisine asiatique, le miso agrémente les sauces et les soupes ou se consomme tel quel tout simplement dilué dans une tasse d'eau chaude. C'est un excellent stimulant naturel qui ne procure aucun des effets nocifs du café.

Variantes

Variez les mélanges d'épices de la marinade, ajoutez de la moutarde, du vinaigre, d'autres jus de fruits et des infusions, et vous obtiendrez des goûts différents.

Poitrines de poulet à la grecque

Rapide et sans souci, la cuisson en papillote agit à la manière d'une mijoteuse, mélangeant harmonieusement les saveurs.

Ingrédients
(pour quatre)

4 petites poitrines de poulet désossées
   sans la peau
2 c. à soupe d'huile d'olive
2 gousses d'ail, hachées finement
20 tomates cerises, émincées
8 olives noires, dénoyautées et hachées
8 feuilles de basilic frais, émincées
1 c. à soupe d'un mélange d'herbes fraîches (romarin, menthe, thym)
4 tranches de citron
Sel et poivre au goût

Préparation

- Allumer le four à 400 °F (200 °C).

- Sur quatre carrés de papier parchemin légèrement huilés, suffisamment grands pour qu'ils soient repliés en papillote, déposer les poitrines de poulet.

- Dans un bol, mettre le reste de l'huile, l'ail, les tranches de tomates cerises et les olives noires. Bien mélanger et étendre sur les poitrines.

- Saler, poivrer, parsemer de basilic et d'herbes. Sur chaque poitrine, mettre une rondelle de citron.

- Replier le papier parchemin en formant quatre papillotes. Recouvrir celles-ci d'une feuille de papier alu et enfourner sur une plaque à cuisson.

- Cuire 30 min ou jusqu'à ce que le poulet ait perdu sa teinte rosée.

- Servir avec du riz à la betterave (p. 260) et des carottes méditerranéennes (p. 265).

Le basilic

À l'instar de la plupart des fines herbes, le basilic renferme des antioxydants qui luttent contre les effets nocifs des radicaux libres, ces agents destructeurs dont les effets sur l'organisme peuvent se comparer à ceux que produit la rouille sur du métal.

Poulet entier à l'orientale

S'inspirant d'une recette orientale, ce plat au four sort de l'ordinaire tout en étant d'une appréciable facilité. N'hésitez pas à le cuisiner pour deux personnes, les restes se recyclent d'une infinité de délicieuses manières.

Préparation

⚬ La cuisson se fait dans un four à 350 °F (180 °C).

⚬ Dans un saladier, réunir les ingrédients de la marinade – jus d'orange, miel, sauce tamari, ail, gingembre, épices et piment – et y faire macérer le poulet entier, recouvert d'une pellicule plastique, 3 h au frigo en le retournant de temps en temps pour qu'il soit bien imprégné.

⚬ Le temps de macération écoulé, sortir le poulet de la marinade, l'éponger avec des essuie-tout. Dans une casserole ayant un couvercle, chauffer l'huile à feu moyen et y faire revenir le poulet de tous les côtés.

⚬ Filtrer la marinade, la verser sur le poulet, mettre le couvercle, enfourner et cuire 1 h en retournant le poulet à mi-cuisson. Retirer le couvercle et cuire encore 20 min. Le poulet est cuit lorsque piqué près de la cuisse, le jus qui en ressort est clair.

⚬ Découper le poulet, et servir avec du riz, du couscous ou du quinoa.

Ingrédients

(pour quatre)

1 poulet de 3 lb (1,3 kg)
½ tasse (125 ml) de jus d'orange
　 ou de clémentine
1 c. à soupe de miel
1 c. à soupe de sauce tamari légère
2 gousses d'ail, pelées et tranchées
1 morceau de gingembre, pelé et tranché
　 (1 c. à soupe)
½ c. à thé de cinq-épices chinoises
¼ c. à thé de flocons de piment broyés
1 c. à soupe d'huile de canola
Sel et poivre au goût

Viandes

Les restes de poulet

Il y a une infinité de manières de recycler les restes de volaille, en sauce, en salade, en tartinade, en chili, etc. Vous trouverez à la section casse-croûte des recettes à confectionner avec des restes.

Poulet farci à la marocaine

Garni d'une farce à la semoule et aux fruits secs, parfumé d'un mélange d'épices où se mêlent les arômes du cumin, de la coriandre et de la cannelle, ce poulet est tendre et succulent.

Ingrédients
(pour quatre)

1 c. à soupe d'huile d'olive
1 échalote sèche, hachée
2 gousses d'ail, hachées finement
1 c. à soupe de gingembre frais, haché
1 c. à thé de mélange marocain (p. 147)
¼ tasse (60 ml) de raisins secs
¼ tasse (60 ml) d'abricots secs, hachés
½ tasse plus 3 c. à soupe (156 ml) de jus
    (cocktail) de légumes
¾ tasse (180 ml) de semoule de blé (cous-
    cous)
1 c. à thé de menthe séchée
Sel et poivre au goût
½ citron, tranché
½ oignon, tranché
1 poulet de 1, 5 kg
1 c. à soupe d'huile d'olive
½ c. à thé de mélange marocain (p. 147)
¼ tasse (60 ml) de vin blanc

Les fruits secs

Le séchage conserve aux fruits la majorité de leurs vitamines et augmente considérablement leur teneur en fibres. En abaissant leur forte teneur en eau, ce procédé de conservation multiplie leur valeur énergétique.

Préparation

⚭ Allumer le four à 350 °F (180 °C).

⚭ Préparer d'abord la farce. Dans une casserole, chauffer l'huile et y faire revenir l'échalote à feu moyen 3 min. Ajouter l'ail, le gingembre et le mélange marocain, et cuire 1 min pour permettre aux épices de libérer leur saveur. Ajouter le jus de légumes, les raisins et les abricots secs, et porter à ébullition. Ajouter le couscous, puis retirer du feu et laisser tiédir. Cela fait, à l'aide d'une fourchette, séparer les grains de couscous, ajouter la menthe séchée, saler et poivrer, et bien mélanger.

⚭ Farcir le poulet de cette préparation et refermer la cavité du poulet en croisant ses cuisses et en les attachant à l'aide de broches de métal.

⚭ Dans le centre d'une rôtissoire, disposer les tranches de citron et d'oignon, et y déposer le poulet. Le badigeonner de l'huile et du mélange marocain.

⚭ Enfourner et cuire 1 h 45 ou jusqu'à ce que le poulet soit cuit en arrosant de 2 c. à soupe de vin blanc toutes les demi-heures. Retirer du four et laisser reposer 10 min, le poulet recouvert de papier alu.

⚭ Découper le poulet, et servir avec la farce et une salade de légumes.

Escalopes de poulet au sésame

La chair tendre du poulet est ici parfumée de sirop d'érable, de sauce tamari, de gingembre et d'orange, des arômes aux parfaites harmonies.

Ingrédients
(pour quatre)

2 poitrines de poulet de 8 oz (250 g), désossées et sans la peau

½ c. à thé de mélange thaï (p. 148)

1 c. à thé d'huile de canola

3 c. à soupe de sirop d'érable

3 c. à soupe de sauce tamari légère

1 c. à soupe de gingembre frais, haché finement

1 c. à thé de zeste d'orange, de citron ou de limette

6 c. à soupe de graines de sésame

Préparation

☙ Allumer le four à 400 °F (200 °C).

☙ À l'aide d'un bon couteau, trancher les poitrines de poulet sur l'épaisseur de manière à obtenir deux fines escalopes. Assaisonner chacune avec le mélange thaï.

☙ Dans une grande poêle, chauffer l'huile à feu moyen et y faire revenir les escalopes 2 min de chaque côté. Retirer du feu.

☙ Dans un petit bol, réunir le sirop d'érable, la sauce tamari, le gingembre frais et le zeste d'agrume.

☙ À l'aide d'une cuillère, étendre ce mélange sur le dessus des escalopes. Déposer chacune sur une plaque à cuisson doublée de papier parchemin. Saupoudrer des graines de sésame et enfourner.

☙ Cuire 10 min ou jusqu'à ce que le poulet soit cuit.

☙ Il restera juste ce qu'il faut de jus de cuisson pour arroser chaque escalope de ce savoureux mélange.

Le gingembre

Cette racine que les Orientaux utilisent dans leur cuisine depuis des millénaires est réputée pour guérir un nombre considérable d'infections. En Europe, c'est en tant que remède contre les nausées que le gingembre a acquis ses lettres de noblesse, plus particulièrement en Allemagne où on l'utilise couramment pour lutter contre la nausée et le mal des transports. Mais il a aussi fait ses preuves pour soulager de l'arthrite, des maux de tête et des rhumes, et on apprécie de mieux en mieux son goût si caractéristique dans les cuisines d'Occident.

Accompagnements

Si vous n'avez pas servi de légumes en entrée, c'est le moment de profiter de leurs vertus en les adjoignant au plat principal. Qu'ils soient cuits à la vapeur, en purée ou en salade, ils enrichiront vos menus de vitamines.

Riz à la betterave

Si vous cherchez une manière originale de cuire le riz, n'hésitez pas à lui adjoindre de la betterave qui lui apportera sa belle couleur et ses bénéfices santé.

Ingrédients
(pour quatre)

1 c. à soupe d'huile d'olive
1 petit oignon, haché
1 c. à thé d'un mélange d'herbes séchées
   (origan, basilic, menthe)
1 petite betterave, pelée et râpée
1 tasse (250 ml) de riz à long grain
2 tasses (500 ml) d'eau
Sel et poivre au goût

Préparation

⊚ Dans une tasse à mesurer d'une capacité de 2 litres allant au micro-ondes, réunir l'huile et l'oignon, et cuire 1 min à puissance maximale.

⊚ Incorporer les herbes séchées, la betterave et le riz, et cuire encore 1 min.

⊚ Mouiller avec l'eau, assaisonner et remuer, et cuire 6 min à puissance maximale.

⊚ Poursuivre la cuisson 10 min, cette fois à puissance moyenne. S'il reste encore du liquide, poursuivre la cuisson 1 min à la fois, jusqu'à ce que le riz l'ait absorbé.

⊚ Retirer du micro-ondes et laisser reposer 5 min avant de servir.

La betterave

Riche en potassium et en fer, la betterave constitue une bonne source d'acide folique, une vitamine du groupe B qui favorise le développement des globules rouges. Sa belle couleur lui vient de la bétanine, une substance qui colore l'urine et qui n'est pas métabolisée par le système digestif.

Riz basmati aux flocons de coco

Les arômes de la cardamome et de la muscade confèrent leur parfum suave à ce riz que vient rehausser un petit piment.

Préparation

- ☺ Dans une casserole, faire fondre la margarine et y faire revenir 3 min le riz, les flocons de noix de coco, la cardamome, la muscade et le piment.
- ☺ Mouiller avec le lait de soja et l'eau, saler et poivrer, et porter à ébullition.
- ☺ Dès que le mélange commence à bouillir, réduire le feu, couvrir et laisser mijoter à feu très doux de 15 à 20 min, ou jusqu'à ce que le liquide soit entièrement absorbé.
- ☺ Servir avec des grillades de volaille ou de poisson.

Ingrédients
(pour quatre)

2 c. à soupe de margarine non hydrogénée
1 tasse (250 ml) de riz basmati
2 c. à soupe de flocons de noix de coco
¼ c. à thé de cardamome moulue
⅛ c. à thé de muscade
1 piment jalapeno, haché finement
1 tasse (250 ml) de lait de soja sans sucre
1 tasse (250 ml) d'eau
Sel et poivre au goût

Le piment

Le piment doit son goût piquant et vif à une substance, la capsaïcine, qui agit sur le mucus à la manière d'un décongestionnant. Il contient plus de vitamine C qu'une orange, mais il ne contribue que bien peu à l'apport quotidien recommandé, compte tenu de la petite quantité que l'on peut consommer à la fois.

Salade thaïlandaise

Pour accompagner des grillades ou un poisson, cette salade est vraiment délicieuse. Rehaussée par le bon goût des épices et du gingembre, elle ne requiert qu'une très petite quantité d'huile.

Accompagnements

Ingrédients
(pour quatre)

4 petits pak-choïs, émincés finement

4 oignons verts, émincés

2 carottes moyennes, émincées à l'économe

¼ tasse (60 ml) de daïkon, en tranches fines

¼ tasse (60 ml) de pois mange-tout, cuits 3 min à la vapeur et refroidis

4 c. à soupe de feuilles de coriandre

Vinaigrette à la thaïe

Le jus de 1 clémentine

2 c. à thé de jus de limette

1 c. à soupe de sauce tamari légère

1 c. à thé d'huile de sésame

½ c. à thé de mélange d'épices thaï (p. 148)

2 tranches de gingembre frais, hachées finement (2 c. à soupe)

Préparation

ⓖ Dans un saladier, réunir tous les légumes.

ⓖ Dans un petit bol, battre au fouet les ingrédients de la vinaigrette.

ⓖ Verser cette sauce sur les légumes, laisser reposer 10 min, bien mélanger et servir.

La limette

La cousine du citron possède sensiblement les mêmes bénéfices santé. Riche en vitamine C et en fer, elle contient également de précieux antioxydants. En Thaïlande comme au Mexique, son jus remplace celui du citron dans les préparations culinaires.

Salade aux légumes d'hiver

La présence du sirop d'érable agrémente la vinaigrette de cette salade qui plaira autant aux tout-petits qu'aux personnes réticentes à consommer du brocoli.

Ingrédients

(pour deux)

1 tête de brocoli, hachée finement

1 carotte, râpée

3 tranches de poivron jaune, en dés très fins

4 tranches d'oignon rouge, en dés très fins

Vinaigrette aux herbes et au citron

1 c. à soupe de graines de sésame

2 c. à soupe d'huile d'olive

2 c. à soupe d'huile de canola

3 c. à soupe de jus de citron

¼ c. à thé de zeste de citron

1 c. à thé de sirop d'érable

1 c. à soupe d'eau

¼ c. à thé d'un mélange d'herbes (basilic, origan et menthe)

Sel et poivre au goût

Préparation

⑥ Dans un saladier, réunir le hachis de brocoli, la carotte, les dés de poivron et d'oignon.

⑥ Dans un petit bol, réunir les ingrédients de la vinaigrette et bien mélanger

⑥ Ajouter le reste des ingrédients, bien mélanger et verser sur la salade. Laisser mariner au moins 1 h avant de servir.

Le brocoli

Le brocoli est l'un des légumes les plus riches en vitamine C et contient aussi du bêtacarotène, deux substances qui lui confèrent un pouvoir antioxydant remarquable. Il possède en outre une importante concentration de fibres. De nombreuses études ont montré que les personnes qui consomment régulièrement du brocoli courent moins de risque de souffrir de cancers et de maladies cardiovasculaires.

Carottes méditerranéennes

Inspirée d'une recette juive, parfumée à l'orange et au gingembre, cette petite salade cuite accompagne à merveille les grillades de volaille et de poisson.

Préparation

- Dans une casserole, réunir tous les ingrédients sauf la menthe, couvrir et porter à ébullition. Réduire le feu et laisser mijoter à couvert 15 min.

- Retirer le couvercle, porter à ébullition de nouveau, et cuire jusqu'à ce que le liquide ait réduit et que les carottes soient glacées.

- Assaisonner au goût et garnir de quelques feuilles de menthe fraîche.

Ingrédients
(pour quatre)

4 carottes moyennes, en bâtonnets
1 orange, pressée, et son zeste, râpé
1 c. à soupe de gingembre frais, haché finement
1 c. à soupe de sirop d'érable ou de miel
½ tasse (125 ml) d'eau
Sel et poivre au goût
Quelques feuilles de menthe fraîche ou ½ c. à thé de menthe séchée pour garnir

La carotte

Ce légume-racine est une excellente source de bêtacarotène, de potassium et de fibres. Et c'est l'un des aliments santé qui détient le plus de propriétés thérapeutiques. Son jus régénérateur est très bénéfique pour le foie.

Salade de courgettes

À mi-chemin entre les saveurs de l'Italie et de la Grèce, cette exquise petite salade citronnée accompagne à merveille des grillades de viande et de poisson.

Accompagnements

Ingrédients
(pour quatre)

2 courgettes moyennes, en dés
12 olives noires, dénoyautées et hachées
2 échalotes sèches, hachées (ou quelques tranches d'oignon doux)
2 c. à soupe de jus de citron
5 c. à soupe d'huile d'olive
1 c. à thé d'un mélange d'herbes sèches (basilic, origan, menthe)
Le zeste de ½ citron, râpé
Sel et poivre au goût

Préparation

⑥ Dans un saladier, réunir les dés de cour- gette, les olives noires et les échalotes sèches.

⑥ Dans un petit bol, fouetter le jus de citron avec l'huile d'olive, les herbes et le zeste de citron. Saler et poivrer.

⑥ Verser cette vinaigrette sur les légumes, bien mélanger et servir.

Variante estivale

Ajoutez des tomates cerises en moitiés, remplacez le zeste et le jus de citron par 1 c. à soupe de vinaigre balsa- mique et les herbes séchées par du basilic frais.

La courgette

Bonne source de fibres et de vitamines A et C, la courgette entre dans la composi- tion de toutes sortes de plats délicieux : potages, entrées, gratins, salades, gâteaux et muffins.

Pommes de terre à l'indienne

Ce plat tout simple et parfumé accompagne à merveille un poisson grillé.

Ingrédients
(pour quatre)

2 tasses (500 ml) de pommes de terre
grelots, les plus grosses coupées en deux
Eau bouillante salée
1 c. à soupe de margarine
non hydrogénée
¾ à 1 c. à thé de mélange indien (p. 147)
ou de poudre de cari
1 gousse d'ail, hachée finement
(facultatif)
Sel et poivre au goût
½ c. à thé de zeste de citron, râpé
4 c. à soupe de feuilles de coriandre,
ciselées

Préparation

⚜ Dans une casserole d'eau bouillante
salée, précuire les pommes de terre 7 min.

⚜ Égoutter et réserver.

⚜ Dans un poêlon à revêtement antiadhé-
sif, faire fondre la margarine à feu
moyen. Y incorporer le mélange d'épices, l'ail, les pommes de terre et bien
mélanger. Couvrir et cuire à feu doux
5 min ou jusqu'à ce que les pommes de
terre soient fondantes.

⚜ Saler et poivrer, incorporer le zeste de
citron, les feuilles de coriandre et servir.

La poudre de cari

Le cari est un mélange d'épices que l'on
appelle en Inde «garam masala». Il réunit
des arômes exquis : le clou de girofle, la
coriandre, le cumin, le curcuma, la cardamome, le fenugrec et le poivre de
Cayenne. Pilées au mortier puis chauffées
dans un poêlon, ces épices ajoutent leurs
parfums à une multitude de plats qui
vont des potages aux desserts.

Purée de panais et de patate douce

Sucrés naturellement, le panais et la patate douce harmonisent ici leurs saveurs en une purée qui accompagne de façon exquise le canard et le poulet.

Préparation

⟃ Dans une casserole, réunir les cubes de patate douce et les dés de panais, et couvrir d'eau froide. Saler, porter à ébullition et cuire 15 min à couvert ou jusqu'à ce que les légumes soient cuits.

⟃ À l'aide d'un mélangeur ou d'un presse-purée, réduire les légumes en purée. Ajouter le mélange d'épices, la margarine et le persil, et assaisonner au goût.

Ingrédients
(pour quatre)

1 patate douce, pelée et coupée en cubes
    (env. 1 tasse – 250 ml)
2 ou 3 panais, pelés et coupés en dés
    (env. 1 tasse – 250 ml)
Sel et poivre au goût
½ c. à thé de mélange marocain (p. 147)
1 c. à thé de margarine
3 c. à soupe de persil, haché

La patate douce

La patate douce se cuisine comme la pomme de terre, elle se consomme bouillie, frite, en purée, en salade, dans les potages et les ragoûts. Comme elle est légèrement sucrée, elle entre aussi dans la composition de gâteaux et de desserts.

Salade de chou moyen-orientale

Les deux choux qui composent cette salade, le vert, croquant, le nappa plus tendre, sont agrémentés d'une vinaigrette au citron et à la menthe, rappelant les saveurs du Moyen-Orient.

Accompagnements

Ingrédients
(pour quatre)

2 tasses (500 ml) de chou vert, en fines lanières

2 tasses (500 ml) de chou nappa, en fines lanières

4 c. à soupe d'huile de canola

2 c. à soupe de jus de citron

½ c. à thé de miel

Quelques gouttes de sauce au piment

½ c. à thé de menthe séchée ou fraîche

¼ c. à thé d'origan

Sel et poivre au goût

Préparation

⚬ Dans un saladier, réunir les lanières de chou.

⚬ Dans un petit bol, fouetter tous les autres ingrédients.

⚬ Verser cette sauce sur les lanières de chou et laisser reposer à la température de la pièce 1 h avant de servir.

Le chou

La liste des affections que le chou a guéries au cours des siècles est si impressionnante qu'elle paraît irréaliste et farfelue. Pourtant, s'il faut en croire des historiens respectables, les Romains en avaient fait une panacée. Ils se seraient maintenus en bonne santé durant six siècles grâce au chou qu'ils employaient pour soigner toutes les maladies, autant en usage externe qu'interne.

Frites au four croustillantes

Pour accompagner une grillade de poisson blanc ou une brochette de poulet, vous aimerez ces frites qui ne requièrent qu'une infime quantité d'huile.

Ingrédients
(pour deux)

2 pommes de terre à chair jaune, pelées et coupées en juliennes
1 c. à thé de sauce Worcestershire
½ c. à thé de moutarde de Dijon
¼ c. à thé de paprika
¼ c. à thé de mélange à chili (p. 146)
¼ c. à thé de sel
1 c. à soupe d'huile de canola

Préparation

⚬ Allumer le four à 400 °F (200 °C).

⚬ Dans un saladier, réunir tous les ingrédients et bien mélanger.

⚬ Sur une plaque à cuisson tapissée d'un papier parchemin, disperser les pommes de terre de manière qu'elles ne se touchent pas.

⚬ Enfourner et cuire de 25 à 30 min en les retournant à mi-cuisson.

La pomme de terre

Tour à tour louangée pour ses propriétés antirhumatismales ou antivirales et honnie des scientifiques pour sa prétendue absence de qualités nutritives, la pomme de terre demeure encore aujourd'hui l'un des légumes les plus populaires sur nos tables et l'un des plus sujets à controverse. Sa forte concentration en potassium, qui permet d'abaisser la tension artérielle, et sa teneur en vitamines du complexe B en font néanmoins un aliment fort recommandable. Sa pelure contient une substance complexe qui aurait la propriété d'absorber les agents cancérigènes présents dans les aliments fumés comme les viandes cuites sur le gril.

Casse-croûte et repas express

D ans cette section, je propose des recettes vite prêtes qui conviennent plus particulièrement aux repas du midi. Plusieurs de ces plats sont préparés avec des restes de poulet.

Pizza sauce à l'aubergine

Peu calorique, la garniture de cette pizza est gorgée d'éléments nutritifs et de saveurs.

Ingrédients
(pour quatre)

2 c. à soupe d'huile d'olive

2 tranches d'oignon, hachées

1 aubergine moyenne, en dés (environ
    4 tasses – 1 litre)

2 gousses d'ail, hachées finement

1 c. à thé d'herbes séchées (origan, basilic,
    menthe)

2 tasses (500 ml) de tomates en conserve,
    mixées au mélangeur à main

Sel et poivre au goût

2 c. à soupe de parmesan

4 c. à soupe de persil ou de basilic frais,
    haché

4 grandes tortillas de blé

1 petit oignon rouge, tranché

2 cœurs d'artichaut, égouttés et hachés

1 ½ tasse (375 ml) d'un fromage de votre
    choix, râpé

Préparation

◉ La pizza cuit dans un four à 425 °F
(220 °C), la sauce est cuite au four
micro-ondes.

◉ Préparer d'abord la sauce à l'aubergine.
Dans une tasse à mesurer de 8 tasses
(2 litres), réunir l'huile, le hachis d'oignon,
les dés d'aubergines et l'ail. Couvrir
d'une pellicule plastique et cuire au
micro-ondes 8 min à intensité maximale.

◉ Ajouter les herbes et les tomates, assaisonner au goût et cuire encore 8 min,
toujours à intensité maximale.

◉ Saupoudrer de fromage et de persil, et
laisser reposer quelques minutes.

◉ Recouvrir les tortillas de cette sauce,
parsemer de tranches d'oignon, de
cœurs d'artichauts et de fromage.

◉ Enfourner et cuire 7 min.

L'aubergine

Ce beau légume est faible en protéines, en
glucides et en lipides, mais suffisamment
pourvu en potassium pour activer ses
propriétés diurétiques. La teneur de l'aubergine en antioxydants en fait un légume
qui combat les effets nocifs des radicaux
libres. Des recherches en alimentation ont
permis de conclure que consommée après
un repas riche en gras, l'aubergine prévient l'augmentation des lipides et du
cholestérol dans le sang.

Sandwiches roulés au saumon et au chou

Les tortillas de blé sont de bons dépanneurs quand on a peu de temps à consacrer à la cuisine. Voici une autre recette qui les met en valeur.

Ingrédients
(pour deux)

1 c. à thé de moutarde de Dijon
1 c. à soupe d'huile d'olive
1 c. à soupe d'huile de canola
1 c. à thé de jus de citron
½ c. à thé de zeste de citron
1 tasse (250 ml) de chou, en fines lanières
Sel et poivre au goût
⅓ tasse (75 ml) de yogourt nature
½ conserve de saumon sockeye
½ c. à thé de miel
¼ c. à thé de poudre de cari
¼ c. à thé de curcuma
2 grandes tortillas de blé entier

Préparation

⑥ Dans un grand bol, réunir la moutarde, les huiles, le jus et le zeste de citron, et bien mélanger. Ajouter les lanières de chou, saler et poivrer, bien les enrober de la vinaigrette, couvrir et laisser mariner 2 h à la température de la pièce.

⑥ Pendant ce temps, faire égoutter au frigo le yogourt dans une passoire doublée d'une étamine au-dessus d'un petit bol.

⑥ Le temps d'attente écoulé, dans un petit bol, réunir le saumon, le miel, la poudre de cari, le curcuma et le yogourt égoutté.

⑥ Étendre la moitié du mélange au chou sur un tiers de tortilla et recouvrir du mélange au saumon. Rouler la tortilla fermement et l'enrouler dans une pellicule plastique. Faire de même avec l'autre tortilla et réfrigérer 1 h.

⑥ Couper les tortillas en deux et servir ces roulés, accompagnés d'une salade de légumes.

Le saumon en conserve

La chair du saumon rouge du Pacifique (sockeye), fine et délicate, est bien pourvue en acides gras oméga-3. Ce poisson possède des propriétés anti-inflammatoires et il est riche en vitamine D, qui participe à la formation des os et à leur maintien. Le saumon est parmi les poissons gras l'un des plus gras, mais il contient tout de même moins de matières grasses que la viande rouge et son gras est bon pour la santé. De plus, comme le sockeye est très goûteux, on peut en réduire la quantité dans les recettes.

Fleurs de tortilla au poulet

Cette recette agrémentée de fruits est facile à réaliser avec des restes de poulet.
Pour ensoleiller les froides journées d'hiver, servez-la dans des fleurs de tortilla.

Ingrédients
(pour quatre)

4 grandes tortillas de blé
2 tasses de poulet cuit, en dés
1 tasse (250 ml) de dés de cantaloup
1 tasse (250 ml) de dés d'ananas
1 tasse (250 ml) de raisins rouges,
   en moitiés
1 échalote sèche, hachée finement
2 c. à soupe de jus de citron
½ c. à thé de zeste de citron
1 c. à thé de moutarde de Dijon
1 trait de sauce au piment
4 c. à soupe d'huile de canola
2 c. à soupe de menthe fraîche, hachée
   (ou ½ c. à thé de menthe séchée)
Sel et poivre au goût
¼ tasse (60 ml) de dés de fromage
   de chèvre
2 tasses (500 ml) de feuilles de roquette

Préparation

⚬ Allumer le four à 375 °F (190 °C).

⚬ Pour faire les fleurs de tortilla, disposer les tortillas dans 4 ramequins de 4 ½ po (11 cm) légèrement huilés, en les repliant de manière à imiter les pétales d'une fleur. Au centre, placer un rame- quin plus petit (2 ½ po – 6 cm) dont vous aurez huilé la base extérieure. Enfourner et cuire 10 min.

⚬ Retirer les tortillas, réduire le feu à 325 °F (170 °C) et enfourner de nouveau en les plaçant sur la grille inférieure du four afin d'éviter que le sommet des « pétales » noircisse.

⚬ Cuire encore 5 min. Retirer du four, attendre quelques minutes et démouler les fleurs de pâte. Réserver.

⚬ Dans un saladier, réunir le poulet, les bouchées de cantaloup et d'ananas, les raisins et l'échalote.

⚬ Dans un petit bol, fouetter le jus et le zeste de citron avec la moutarde, la sauce au piment, l'huile et la menthe. Assaisonner au goût.

⚬ Verser cette vinaigrette sur la salade, ajouter la roquette et les dés de fromage, et bien mélanger.

⚬ Servir dans les fleurs de tortilla.

278

Burritos au poulet

Réalisez ce casse-croûte express avec des restes de poulet et une bonne sauce tomate à laquelle vous ajouterez des olives noires, du maïs en grains et un filet de sauce au piment.

Ingrédients
(pour quatre petites portions)

2 tortillas de blé
1 tasse (250 ml) de poulet cuit, en dés
1 tasse (250 ml) de sauce tomate maison
   (p. 135)
8 olives noires, dénoyautées et hachées
¼ tasse (125 ml) de maïs en grains
1 filet de sauce au piment
Sel et poivre au goût
4 c. à soupe de mozzarella

Préparation

⊚ Allumer le four à 375 °F (190 °C).

⊚ Dans un plat allant au micro-ondes, réunir les dés de poulet, la sauce tomate, les olives noires, le maïs et la sauce au piment. Saler et poivrer.

⊚ Couvrir et chauffer 2 min au micro-ondes.

⊚ Étendre la moitié de cette sauce sur chacune des tortillas, rouler et fixer chaque burrito à l'aide de deux cure-dents.

⊚ Déposer sur une plaque à cuisson recouverte d'un papier parchemin, garnir de 2 c. à soupe de mozzarella et enfourner.

⊚ Cuire 20 min et faire gratiner 2 min au besoin.

⊚ Couper chaque tortilla en deux et servir chaque portion avec une salade de légumes.

Le maïs

Le grain croquant et sucré que l'on consomme est en réalité une céréale que l'on récolte avant maturité. Riche en fibres, le maïs permet d'abaisser le taux de cholestérol. Sa teneur en glucides fournit de l'énergie rapidement sans matières grasses dommageables.

Salade de poulet aux pommes

Autre manière de recycler les restes de poulet tout en profitant des aliments santé, cette salade offre un bel équilibre de nutriments et de saveurs.

Préparation

⊚ Dans un saladier, réunir tous les ingrédients et bien mélanger.

⊚ Laisser reposer 20 min avant de servir sur des nids de salade.

Variante

Servez entre deux moitiés de pains kaiser comme garniture de sandwich.

Ingrédients
(pour deux)

1 tasse (250 ml) de poulet cuit, en dés
1 pomme non cirée, coupée en dés arrosés de jus de citron
1 branche de céleri, en dés
1 échalote sèche, hachée finement
½ c. à thé d'estragon séché
3 c. à soupe de yogourt
1 c. à soupe de jus de citron
1 c. à soupe d'huile de canola
½ c. à thé de moutarde de Dijon
8 olives noires, dénoyautées et hachées
4 c. à soupe de fromage de votre choix, du chèvre par exemple, en dés
Sel et poivre au goût
2 tasses (500 ml) de feuilles de salade variées

La pomme

C'est la pelure de la pomme qui renferme la plupart de ses vertus thérapeutiques. Une pomme mangée chaque matin à jeun serait le meilleur des dépuratifs. Consommée chaque soir au coucher, elle combat efficacement la constipation. Croquée à la fin d'un repas, elle a la réputation de nettoyer les dents et de purifier l'haleine, mais aussi de tonifier les gencives.

Salade d'épinards aux fruits

Ajouter des fruits à une salade de légumes et l'aromatiser d'une vinaigrette qui sort de l'ordinaire sont deux moyens goûteux de consommer plus de végétaux.

Ingrédients
(pour quatre)

1 botte de belles feuilles d'épinard, rincées et essorées
1 cœur de palmier en conserve, en dés
2 clémentines, pelées et tranchées
2 kiwis, pelés et tranchés
4 c. à soupe de graines de sésame

Vinaigrette

1 c. à soupe de vinaigre de riz
1 c. à soupe de sauce tamari légère
3 c. à soupe de jus de clémentine
3 c. à soupe d'huile de canola
1 c. à soupe de gingembre frais, haché finement
½ c. à thé de zeste d'orange, au goût

Préparation

◌ Dans un saladier, mettre les épinards et les dés de cœur de palmier.

◌ Dans un petit bol, réunir les ingrédients de la vinaigrette et fouetter.

◌ Napper les épinards de cette sauce, bien mélanger, ajouter les tranches de clémentine et de kiwi, et parsemer de graines de sésame.

Touche gourmande

La belle saison venue, remplacez les kiwis et les clémentines par des fraises ou des bleuets.

Le kiwi

Fruit au goût légèrement acidulé, le kiwi regorge de vitamine C. Faible en gras et en sodium, il est bien pourvu en potassium, ce qui en fait un aliment ressource pour les personnes souffrant d'hypertension. Parmi tous les fruits, le kiwi est celui qui présente la plus forte densité d'éléments nutritifs.

Douceurs

On sait que les Asiatiques mangent peu de desserts. Est-ce pour cela qu'ils vivent plus longtemps et en meilleure santé que les Occidentaux ? On serait tenté de le croire quand on sait à quel point le sucre est calorique et peu recommandé par les spécialistes de la santé. Toutefois, aucune étude ne l'ayant catégoriquement incriminé dans ce sens, contentons-nous en faisant preuve de modération : mangeons des fruits tous les jours et des desserts de temps en temps.

Tarte aux poires express

Voici une tarte légère qui ne requiert pas de pâte, celle-ci s'intégrant à la garniture en cuisant. La recette est si simple à préparer que même un enfant peut la réussir. Et ce qui ne gâte rien, elle est délicieuse.

Ingrédients

(pour six)

½ tasse (125 ml) de farine non blanchie

½ tasse (125 ml) de sucre

1 c. à thé de levure chimique (poudre à pâte)

¼ c. à thé de sel

1 œuf, battu

1 c. à soupe d'essence d'amande (ou de crème d'Amarula)

2 poires moyennes, pelées et coupées en dés

⅓ tasse (75 ml) d'amandes effilées plus une poignée pour garnir avant la fin de la cuisson

Préparation

◔ Allumer le four à 350 °F (180 °C).

◔ Dans un bol, réunir la farine, le sucre, la levure chimique et le sel, et bien mélanger.

◔ Dans un grand bol, réunir l'œuf, l'essence d'amande, les dés de poire et les amandes. Bien mélanger.

◔ Incorporer le mélange des ingrédients secs à la préparation de poire et bien mélanger.

◔ Transférer cette pâte dans une assiette enduite de margarine non hydrogénée et enfourner.

◔ Cuire 15 min, retirer du four, parsemer d'amandes effilées et cuire encore 15 min ou jusqu'à ce que la surface soit dorée.

La poire

Le fruit délectable du poirier contient une multitude de nutriments, de sels minéraux et de vitamines du complexe B. La poire est particulièrement recommandée aux arthritiques, car elle renferme un minéral précieux, le bore, qui empêche la perte de calcium dont ils ont besoin pour conserver leurs os en bonne santé. Le bore a par ailleurs le pouvoir de stimuler les facultés intellectuelles et de lutter contre les pertes de mémoire liées au vieillissement.

Gâteau à l'orange

Les recettes de gâteau qui ne nécessitent ni œufs, ni beurre, ni lait ne sont pas légion. En voici une qui ne requiert qu'une petite quantité d'huile et de sucre. Un gâteau surprenant et délicieux.

Ingrédients

(pour un gâteau de 8 po - 22 cm)

1 tasse (250 ml) de farine non blanchie
½ tasse (125 ml) de farine de seigle
⅓ tasse (75 ml) de sucre granulé
1 c. à thé de levure chimique
   (poudre à pâte)
¼ tasse (60 ml) d'amandes, broyées
   finement
Le zeste de 1 orange
1 c. à thé de bicarbonate de soude
4 c. à soupe de graines de pavot
¼ tasse (60 ml) d'huile de canola
1 tasse (250 ml) d'eau
1 c. à soupe de jus de citron
1 c. à thé de vanille

Préparation

⑥ Allumer le four à 350 °F (180 °C).

⑥ Dans un grand bol, réunir les farines, le sucre, la levure, les amandes, le zeste d'orange, le bicarbonate et les graines de pavot.

⑥ Dans un bol plus petit, mélanger tous les ingrédients liquides et verser dans la préparation des ingrédients secs.

⑥ Bien mélanger à la spatule jusqu'à l'obtention d'une pâte homogène.

⑥ Verser dans un moule en métal carré de 8 po (20 cm) enduit de margarine non hydrogénée.

⑥ Enfourner et cuire de 25 à 30 min ou jusqu'à ce qu'un cure-dents inséré dans la pâte en ressorte propre et sec.

⑥ Laisser refroidir, garnir d'un glaçage si désiré.

Le seigle

Très populaire en Europe de l'Est, en Scandinavie et en Russie, le seigle sert presque exclusivement à la fabrication du pain. Cette céréale est une bonne source de vitamine E, de vitamines du groupe B et de sels minéraux, et renferme de la rutine, une substance qui facilite la circulation sanguine. Elle est particulièrement recommandée aux sédentaires.

Gâteau léger au chocolat

Autre version de la recette précédente, ce gâteau est aromatisé de cacao et d'épices. Si vous n'aimez pas le chocolat épicé, n'introduisez pas de cari et il sera tout aussi délicieux.

Préparation

- Allumer le four à 350 °F (180 °C).
- Dans un grand bol, réunir les farines, le sucre, le cacao, la levure, le bicarbonate, la cannelle et le cari malais.
- Dans un bol plus petit, mélanger tous les ingrédients liquides et verser dans la préparation des ingrédients secs.
- Ajouter les pépites de chocolat et bien mélanger à la spatule jusqu'à l'obtention d'une pâte homogène.
- Verser dans un moule en métal carré de 8 po (20 cm) enduit de margarine non hydrogénée.
- Enfourner et cuire de 30 à 35 min ou jusqu'à ce qu'un cure-dents inséré dans la pâte en ressorte propre et sec.
- Laisser refroidir, garnir d'un glaçage si désiré.

Ingrédients
(pour six et plus)

1 tasse (250 ml) de farine non blanchie
½ tasse (125 ml) de farine de blé entier
⅓ tasse (75 ml) de sucre granulé
3 c. à soupe de cacao
1 c. à thé de levure chimique (poudre à pâte)
1 c. à thé de bicarbonate de soude
¼ c. à thé de cannelle
¼ c. à thé de cari malais (p. 146) ou de poudre de cari
¼ tasse (60 ml) d'huile de canola
1 tasse (250 ml) d'eau
1 c. à soupe de jus de citron
1 c. à thé de vanille
¼ tasse (60 ml) de pépites de chocolat

Le cacao

Saviez-vous que le cacao est l'une des aliments les plus riches en flavonoïdes ? Sa capacité antioxydante serait en effet quatre à cinq fois plus élevée que celle du thé noir, deux à trois fois plus élevée que celle du thé vert et deux fois plus élevée que celle du vin. Sa consommation est donc fort recommandable, d'autant plus qu'il contient plusieurs autres nutriments favorables au maintien de la santé. Toutefois, parce que le lait pourrait inhiber l'absorption des flavonoïdes dans l'intestin, pour profiter de toutes ses vertus, il est préférable de ne pas les consommer avec des produits laitiers.

Fondue au chocolat sans crème

Des études ont montré que les meilleurs nutriments du cacao, les flavonoïdes, perdent leurs propriétés thérapeutiques au contact de produits laitiers. Voici une recette de fondue au chocolat qui conserve au cacao son bon goût et toutes ses vertus.

Ingrédients
(pour quatre)

2 tasses (500 ml) de fruits variés, en bouchées (cantaloup, ananas, pêches, poires, nectarines, pommes, raisins, kiwis, fraises, framboises, etc.)
3 c. à soupe de cacao
3 c. à soupe de farine instantanée
¼ tasse (60 ml) de sucre
1 conserve (14 oz – 400 ml) de lait de coco léger, de préférence biologique

Préparation

- Préparer les bouchées de fruits et les disposer sur une grande assiette.
- Dans un caquelon, réunir le cacao, la farine, le sucre et le lait de coco, et chauffer à feu moyen en remuant à l'aide d'un fouet.
- Lorsque le mélange a légèrement épaissi, déposer le caquelon sur un réchaud entouré de bouchées de fruits et servir avec des fourchettes à fondue.
- Chaque convive se servira des fruits qu'il piquera sur sa fourchette et trempera dans la fondue.

Variante d'été

Servez ce sirop au chocolat refroidi avec des brochettes de fruits que vous aurez préparées et fait griller quelques minutes sur le barbecue.

Le lait de coco

Aliment ordinairement très calorique, le lait de coco, délicieux dans les ragoûts, les caris et les desserts, se présente aussi dans une version biologique allégée, laquelle contient trois fois moins de calories que son équivalent.

Bouchées au chocolat

Ces friandises qui ne requièrent qu'une cuisson minimale sont des gâteries qui vous dépanneront lorsque des amis arriveront à l'improviste.

Ingrédients
(pour 36 bouchées)

¼ tasse (60 ml) de lait de soja à la vanille

¼ tasse (60 ml) de margarine
    non hydrogénée

⅓ tasse (75 ml) de cassonade

1 oz (35 g) de chocolat noir non sucré, râpé

1 tasse (250 ml) de flocons d'avoine à
    cuisson rapide

1 tasse (250 ml) de céréales biologiques
    du commerce (multison), broyées
    grossièrement après les avoir mesurées

Préparation

⑥ Dans une casserole suffisamment grande pour contenir tous les ingrédients, réunir le lait de soja, la margarine et la cassonade. Porter à ébullition, incorporer le chocolat et retirer du feu en remuant afin de laisser fondre celui-ci.

⑥ Incorporer les flocons d'avoine et les céréales, et bien mélanger.

⑥ Sur une plaque à cuisson tapissée de papier parchemin, déposer la préparation par cuillerées et façonner des petites boulettes avec les doigts.

⑥ Laisser refroidir à la température de la pièce et servir.

L'avoine

Contrairement à d'autres céréales, après qu'on l'a traitée, l'avoine conserve le son et le germe dans lesquels se retrouvent la majeure partie de ses éléments nutritifs.

Grâce à sa forte concentration en fibres, plus particulièrement à la présence d'une fibre gélatineuse, la matière qui colle à la casserole de gruau du matin, l'avoine est aussi un aliment favorable à toutes les personnes qui désirent perdre du poids.

Carrés aux céréales et aux pépites de chocolat

Cette délicieuse gâterie vite faite contient son lot d'aliments santé, avoine, sarrasin, beurre d'arachide et chocolat.

Préparation

- Allumer le four à à 375 °F (190 °C).

- Dans une casserole, mélanger la cassonade, la margarine et le sirop d'érable. Cuire à feu moyen-doux en brassant jusqu'à ce que le mélange soit homogène. Retirer la casserole du feu.

- Ajouter le beurre d'arachide et la vanille et, mélanger jusqu'à ce que la préparation soit lisse.

- Mettre les flocons de céréales dans un grand bol. Verser la préparation au sirop d'érable sur les flocons, ajouter les pépites de chocolat et mélanger pour bien les enrober.

- Presser uniformément la préparation aux flocons d'avoine dans le fond d'un plat allant au four de 9 x 9, non graissé.

- Enfourner et cuire 10 min ou jusqu'à ce que le pourtour de la préparation soit légèrement doré.

- Retirer du four et laisser refroidir avant de découper en carrés.

Ingrédients
(pour neuf carrés)

¼ tasse (60 ml) de cassonade
⅓ tasse (75 ml) de margarine non hydrogénée
3 c. à soupe de sirop d'érable
2 c. à soupe de beurre d'arachide au naturel
½ c. à thé de vanille
1 tasse (250 ml) de flocons d'avoine à cuisson régulière
1 tasse (250 ml) de flocons de sarrasin
⅓ tasse (75 ml) de pépites de chocolat mi-sucré

Douceurs

Le sarrasin

Riche en rutine, une substance qui améliore la circulation sanguine et réduit l'hypertension, le sarrasin, parce qu'il ne contient pas de gluten, est fortement recommandé aux personnes intolérantes au gluten ou souffrant de problèmes digestifs.

Mousse de framboises à l'orange

Ce petit dessert savoureux à la consistance onctueuse ne renferme pourtant ni œufs ni crème. Personne ne saura qu'il contient du tofu si vous gardez ce petit secret pour vous.

Ingrédients
(pour cinq petites coupes)

½ enveloppe de gélatine sans saveur
4 à 5 c. à soupe de sucre
½ tasse (125 ml) de jus d'orange
½ c. à thé de zeste d'orange
½ tasse (125 ml) de framboises*
300 g de tofu soyeux

* *Si vous utilisez des framboises congelées, faites-les d'abord décongeler avant de les battre avec le tofu.*

Préparation

◉ Dans une petite casserole, réunir la gélatine, le sucre, et le jus et le zeste d'orange. Chauffer doucement en remuant de temps en temps jusqu'au point d'ébullition, puis laisser tiédir. Placer au frigo jusqu'à ce que le mélange soit presque pris, soit environ 45 min.

◉ Dans un bol, au batteur électrique, fouetter les framboises avec le tofu. Incorporer la préparation à la gélatine et bien mélanger. Verser dans des coupes ou des petits ramequins, et réfrigérer 7 ou 8 heures ou jusqu'au lendemain.

La framboise

Ce petit fruit est riche en vitamines B et C, en potassium et en divers acides. À l'instar de la fraise, c'est un délice dont peuvent profiter les diabétiques et les rhumatisants, son sucre, le lévulose, ne leur causant aucun effet négatif. Autre avantage à considérer, elle compte parmi les fruits les moins caloriques. Ses fibres sont abondantes et efficaces pour lutter contre une tendance à la constipation. La framboise soulage en outre des douleurs menstruelles et nettoie l'organisme.

Ramequins à la ricotta

Ce dessert original et sans souci se prépare en un rien de temps. Servez-le après un repas copieux, vos invités seront ravis de sa légèreté.

Ingrédients
(pour quatre)

5 c. à soupe de raisins secs, rincés
2 c. à soupe de Grand Marnier, de Triple Sec ou d'une autre liqueur d'orange
3 c. à soupe de sucre granulé
1 gros œuf, jaune et blanc séparés
1 tasse (250 ml) de ricotta
Le zeste de 1 orange
¼ c. à thé de chacune des épices suivantes : muscade, cannelle et coriandre moulue

Préparation

◦ Allumer le four à 325 °F (170 °C).

◦ Dans un petit bol, faire tremper les raisins dans la liqueur d'orange.

◦ Fouetter le jaune d'œuf avec le sucre, incorporer le fromage, le zeste d'orange et les épices. Ajouter les raisins et la liqueur d'orange.

◦ Dans un autre bol, au batteur électrique, battre le blanc d'œuf en neige ferme avec une pincée de sel. Incorporer délicatement au mélange précédent.

◦ Verser la préparation dans les ramequins, enfourner et cuire de 30 à 35 min.

◦ Servir tiède.

La ricotta

La ricotta est parmi les fromages l'un des moins gras. Et contrairement au cottage, il n'est pas bourré de sodium, ce qui en fait l'un des fromages les moins nocifs pour la santé.

Flans aux pêches

Ces petits flans se comportent comme des soufflés lorsqu'on les sort du four : ils dégonflent et prennent l'apparence d'une crème brûlée. Mais ils ne vous décevront pas : leur consistance et leur goût seront inversement proportionnels aux efforts que vous aurez mis pour les réaliser.

Préparation

◎ Allumer le four à 350 °F (180 °C).

◎ Dans une petite casserole en fonte, chauffer les pêches et la cassonade jusqu'au point d'ébullition, réduire le feu et laisser mijoter 10 min. Verser dans quatre petits ramequins.

◎ Dans un bol, fouetter l'œuf et le sucre au batteur électrique jusqu'à ce que le mélange soit mousseux.

◎ Ajouter le lait de soja, la farine, l'essence de vanille et le jaune d'œuf, puis battre pour bien mélanger.

◎ Verser dans les ramequins sur les pêches.

◎ Enfourner et cuire 35 min ou jusqu'à ce qu'à ce que la surface soit dorée.

◎ Servir tiède ou à la température de la pièce.

La pêche

Le fruit juteux et parfumé du pêcher est riche en vitamine A, en sels minéraux et en bêtacarotène. Tendre et peu calorique, la pêche renferme une bonne quantité de fibres et se digère facilement.

Ingrédients
(pour quatre)

4 pêches, pelées et coupées en cubes
4 c. à soupe de cassonade
1 œuf
¼ tasse (60 ml) de sucre granulé
½ tasse (125 ml) de lait de soja sans sucre
2 c. à soupe de farine non blanchie
½ c. à thé d'essence de vanille
1 jaune d'œuf

Douceurs

Macarons aux amandes

Plus légers que les biscuits aux amandes asiatiques, ces macarons faciles à réaliser font un agréable point final après un repas copieux.

Ingrédients
(pour 10 biscuits)

¼ tasse (60 ml) d'amandes moulues
¼ tasse (60 ml) de flocons de noix de coco non sucrés
¼ tasse (60 ml) moins 1 c. à soupe de sucre granulé
1 blanc d'œuf

L'amande

Plusieurs recherches en alimentation ont montré que les acides gras monoinsaturés que contient l'amande aident à réduire le taux de mauvais cholestérol. De plus, grâce à sa teneur élevée en minéraux, elle montre de réels bénéfices pour la santé des os.

Préparation

◎ Allumer le four à 350 °F (180 °C).

◎ Dans un bol, réunir les amandes moulues, les flocons de noix de coco et le sucre. Bien mélanger.

◎ Dans un autre bol, monter le blanc d'œuf en neige.

◎ Incorporer délicatement celui-ci à la première préparation et mélanger sans fouetter.

◎ Sur une plaque à cuisson doublée d'un papier parchemin, étendre la pâte par cuillerée en laissant de l'espace entre chacune.

◎ Cuire de 10 à 15 min ou jusqu'à ce que les biscuits soient légèrement dorés.

Index des recettes

Index des aliments

Renvoie aux fiches de la deuxième partie
et aux recettes de la troisième.

Table des matières